Backen

Meine Backrezepte für jeden Tag

von Cathérine Jamin

Tre Torri

Inhalt

Schokoladenkuchen

Obstkuchen mit Steinobst

Beerentorten

Apfelkuchen

Kaffee- und Teegebäck

Salz & Zucker
Gegensätze ziehen sich an

Süßes zum Schluss

Vorwort

Für fast jeden von uns gehört Selbstgebackenes zu den schönsten Kindheitserinnerungen. Plätzchen backen, Teig naschen und noch warmen Kuchen stibitzen. Und was wäre ein ausgiebiges Sonntagsfrühstück ohne einen frischen Hefezopf? Eine Kaffeetafel mit Familie und Freunden ohne Kuchen und Torten?

Bei der Vorbereitung dieses Backbuches durften wir ganz legal sündigen und konnten nie entscheiden, was uns denn nun besser schmeckt: Marmorkuchen oder Schwarzwälder Kirschtorte? Joghurt-Törtchen mit confierten Salzorangen oder Topfenstrudel? Vanillekipferl oder Schweineöhrchen? Wir hatten das Glück, uns nicht wirklich entscheiden zu müssen, weil wir alles probieren durften. Sie allerdings haben zunächst die Qual der Wahl, weil Sie überlegen müssen, was Sie von der Vielzahl der verführerischen Rezepte zuerst auswählen.

Der gute Ruf der Frankfurter Konditorei Jamin liegt nicht allein an der herausragenden Patisserie- und Confiseriekunst. Er liegt auch mit an der Persönlichkeit der über einhundertjährigen Tradition, am Charakter eines liebevoll geführten Familienunternehmens. Cathérine Jamin, Vater Georg, Mutter Monika sowie Schwester Nicole merkt man an, dass sie – abgesehen von ihrer hohen Professionalität – mit Freude und Leidenschaft dabei sind. Ihre Erfahrung, ihr Können und ihre Liebe zum Backen vermittelt die Konditormeisterin in diesem Buch.

Wir laden gemeinsam mit Cathérine Jamin ein zu Klassikern aus Deutschland, Österreich und Frankreich, zu Variationen von Beerentoren und Obstkuchen, zu knusprigem Gebäck und sündhaften Genüssen – kurz: zu kreativ-sinnlichem Backstubenzauber bei Ihnen zuhause.

Tre Torri Verlag

Einleitung

Es ist mir ein Vergnügen, Sie in meine Genusswelt einzuladen, in die Welt meiner Kuchen, Torten und Gebäcke. Ich bin mit Leidenschaft Konditorin. Zum einen ist es die Tradition unseres Familienunternehmens, zum anderen die Liebe zum Detail und die Umsetzung neuer Techniken, die diesen Beruf zu meinem Lebensinhalt machen.

Erleben Sie in meinem Backbuch viele klassische Rezepte wie zum Beispiel eine Schwarzwälder Kirschtorte, die wir doch alle ganz gerne essen und die in jedem Fall ein Revival verdient hat: mit lockerem Schokoladenbiskuit, Kirschwassersahne und vielen Kirschen.

Oder probieren Sie die Kreation von Schwarzer Johannisbeere mit Lakritze und gesalzenen Macadamianüssen. Ich garantiere Ihnen ein interessantes Geschmackserlebnis.

Viele der Rezepte lassen sich auch gut als Dessert nach einem schönen Essen servieren. Wie wäre es zum Beispiel mit einer lauwarmen Tarte Tatin? Sie benötigen hierfür nur wenige Zutaten und sie ist schnell vorbereitet – perfekt!

Doch bevor Ihre Finger schon kribbeln und Sie mit dem Backen beginnen möchten, meine Tipps für Sie: An erster Stelle stehen in meiner Backstube Geschmack und die Auswahl der Grundzutaten. Daher sollten Sie sich immer für die bessere Wahl der Rohstoffe entscheiden.

Zum zweiten denken Sie beim Backen immer an etwas Schönes oder an die Person, die Sie mit Ihrem Backwerk verzaubern wollen. Damit bringen Sie die nötige Portion Liebe und Sorgfalt mit in das Gebäck. Man könnte auch sagen: die wichtigste Grundzutat.

Drittens habe ich in die ersten Kapitel viele Tricks und hilfreiche Fotos mit „reingebacken", sodass Sie mit der Backschule zu einem schönen und leckeren Ergebnis kommen. So empfehle ich zum Backen immer Ober- und Unterhitze statt Umluft. Die Gebäcke bräunen dadurch rundum schonender – ganz wichtig bei Hefe- und Blätterteigen! – und trocknen nicht aus.

Ich wünsche Ihnen viel Spaß beim Ausprobieren meiner Rezepte!

Ihre Cathérine Jamin

GARANTIE
SOLINGEN
ROSTFREI

Backschule Hefeteig

am Rezept Hefezopf

Für 2 Stück

verwendete Form:
1 Backblech

Grundrezept Hefeteig
240 g Milch
30 g frische Hefe
80 g Kristallzucker
500 g gesiebtes Mehl
2 Eier (Größe M)
1 TL Zitronenabrieb
2 TL Bourbonvanillezucker
2 Prisen Salz
100 g zimmerwarme Butter

außerdem
Mehl zum Bearbeiten
1 Ei zum Bestreichen
nach Belieben 20 g gehobelte Mandeln

Bei den Hefeteigrezepten habe ich mich für eine Mindestmenge von 500 g Mehl entschieden. So lässt sich nämlich der Teig besser verarbeiten und wird herrlich locker. Dadurch gibt es bei den Rezepten quasi immer einen Hefezopf „gratis" oder zwei Kuchen gleichzeitig. Die Hefezöpfe lassen sich gut einfrieren und bei Bedarf zum Beispiel für ein gemütliches Sonntagsfrühstück verwenden. Kuchen ist übrigens tiefgekühlt auch etwa mindestens drei Monate haltbar.

Ich empfehle Ihnen, für das Kneten des Teigs ein leistungsstarkes Handrührgerät oder eine Küchenmaschine mit Knethaken zu verwenden. Geübte können den Teig auch mit den Händen verkneten.

1. Für den Teigansatz die Milch in einem Topf nur leicht erwärmen. Hefe in eine Schüssel bröckeln und 1 Prise Zucker zugeben. Die Hälfte der warmen Milch zugießen und mit 100 g Mehl gut verkneten. Den Teig in der Schüssel zu einem Ballen formen und mit einem feuchten Tuch abgedeckt bei Zimmertemperatur ca. 15 Minuten gehen lassen.

2. Die weiteren Zutaten, bis auf die restliche Milch und die Butter, in eine große Schüssel geben. Den Teigansatz dazugeben und miteinander verkneten. Die restliche Milch zugießen und den Teig weitere 10 Minuten kneten, bis er sich von der Schüssel löst. Dann die Butter zugeben und wiederum so lange weiterkneten, bis sich der Teig erneut von der Schüssel löst. Teig zu einem Ballen formen und nochmals mit einem feuchten Tuch abgedeckt an einem warmen Ort ca. 1 Stunde gehen lassen.

3. Den Teig in 6 gleich große Stücke (à ca. 150 g) teilen, zu Kugeln rollen und kurz ruhen lassen. Sollte der Teig zu feucht sein, die Hände mit etwas Mehl einreiben und die Arbeitsplatte ebenfalls sparsam bemehlen. Bei zu viel Mehl verändert sich die Teigbeschaffenheit und die Zöpfe werden zu fest und trocken. Die Kugeln mit den Händen zu Strängen rollen. Die Teigstränge müssen gleich lang sein und zu den Enden hin etwas dünner werden. Dann je 3 Teigstränge zu einem Zopf flechten und die beiden Enden leicht zusammendrücken. Die Zöpfe mit etwas Abstand auf ein mit Backpapier ausgelegtes Backblech legen und mit etwas verquirltem Ei zum ersten Mal bestreichen. Weitere 15 Minuten an einem warmen Ort ruhen lassen.

4. In der Zwischenzeit den Backofen auf 180 °C Ober- und Unterhitze vorheizen.
Die Zöpfe zum zweiten Mal mit dem restlichen Ei bestreichen und nach Belieben mit gehobelten Mandeln bestreuen. Im vorgeheizten Backofen auf mittlerer Schiene ca. 25 Minuten goldgelb backen. Anschließend auf Kuchengittern auskühlen lassen.

Der Zopf schmeckt am besten mit Butter und einer selbstgekochten Konfitüre. Außerdem passen auch Pastete, Gänseleber oder diverse Weichkäsesorten dazu.

Zum Gugelhupf passt gut eine selbstgekochte Konfitüre z. B. Zwetschge.

Gugelhupf

Rezept für 2 Kuchen

verwendete Formen:
2 Gugelhupfformen (Ø 20 cm)
oder 1 Gugelhupfform
für ca. 1000 g Inhalt

Hefeteig
1 Hefeteig
(Grundrezept; siehe Seite 11)
40 g frische Hefe
240 g zimmerwarme Butter

außerdem
Butter zum Einfetten
50 g ungeschälte Mandeln
100 g Rosinen
Mehl zum Bearbeiten
1 EL Puderzucker zum Bestäuben

1. Den Hefeteig wie in der Backschule ausführlich beschrieben, jedoch mit 40 g Hefe und 240 g Butter, zubereiten.

2. Die Gugelhupfformen gut mit Butter einfetten und in jede Rille eine schöne, ganze Mandel einlegen.

3. Den Teig aus der Schüssel nehmen und von Hand die Rosinen unterarbeiten. Sollte der Teig zu feucht sein, die Hände mit etwas Mehl einreiben und die Arbeitsplatte ebenfalls sparsam bemehlen. Anschließend zu einer bzw. zwei Kugeln formen und in die Gugelhupfform einlegen. Sollte der Kamin der Form sehr dick sein, sollte man lieber den Teig donutförmig einlegen. Die Form abdecken und den Teig nochmals eine halbe Stunde gehen lassen.

4. Backofen auf 180 °C Ober- und Unterhitze vorheizen.
Die Formen nebeneinander auf einem Rost auf einer der unteren Schienen in den vorgeheizten Backofen stellen. Die kleinen Formen ca. 25 Minuten backen, während des Backens die Formen einmal drehen. Die große Form benötigt ca. 45 Minuten.

5. Den Kuchen stürzen, in der Form kurz auf einem Kuchengitter stehen lassen, Form abnehmen und den Kuchen vollständig auskühlen lassen. Anschließend mit etwas Puderzucker bestäuben. Der zweite Gugelhupf kann in Alufolie verpackt eingefroren werden.

Streuselkuchen

Rezept für 1 Streuselkuchen vom Blech oder 2 Streuselkuchen

verwendete Formen:
1 Fettpfanne oder
1 Springform (Ø 26 cm)

Hefeteig
1 Hefeteig
(Grundrezept; siehe Seite 11)

Streusel
200 g zimmerwarme Butter
200 g Kristallzucker
4 TL Bourbonvanillezucker
2 TL Zitronenabrieb
1 Eiweiß (Größe M)
400 g gesiebtes Mehl

außerdem
Butter zum Einfetten
Mehl zum Bearbeiten
2 Eigelb zum Bestreichen

1. Den Hefeteig wie in der Backschule ausführlich beschrieben zubereiten.

2. Für die Streusel sämtliche Zutaten mit den Händen, einem Handrührgerät oder einer Küchenmaschine miteinander verkneten, zu Streuseln zerbröseln und kalt stellen.

3. Die Fettpfanne bzw. Form gut mit Butter einfetten.
Den Hefeteig auf einer leicht bemehlten Arbeitsfläche mit einer Teigrolle rechteckig auf Größe der Fettpfanne ausrollen und hineinlegen. Oder den Hefeteig halbieren und gleichmäßig rund, passend für die Springformgröße, ausrollen und in die Form geben. Mit einer Gabel einstechen, mit dem Eigelb bepinseln und gleichmäßig mit den Streuseln belegen. Den Kuchen 15 Minuten an einem warmen Ort ruhen lassen.

4. Den Backofen auf 180 °C Ober- und Unterhitze vorheizen.
Den Streuselkuchen im vorgeheizten Backofen auf mittlerer Schiene ca. 30 Minuten backen. Die Streuselkuchen in der Springform nacheinander auf dem Rost auf mittlerer Schiene ebenfalls ca. 30 Minuten backen. Anschließend auf Kuchengittern auskühlen lassen.

Bienenstich schmeckt am besten am selben Tag. Dann ist die Mandelschicht schön knusprig und die Vanillecreme luftig locker.

Bienenstich

Rezept für 1 Bienenstich und 1 Hefezopf

verwendete Form:
1 Springform (Ø 26 cm)

Hefeteig
1 Hefeteig
(Grundrezept; siehe Seite 11)

Bienenstichmasse
65 g Butter
65 g Kristallzucker
20 g Sahne
1 TL Waldhonig
65 g gehobelte Mandeln

Leichte Vanillecreme
3 Blatt Gelatine
35 g Speisestärke
370 g Milch
3 Eier (Größe M)
½ Vanilleschote
75 g Kristallzucker

außerdem
Butter zum Einfetten
Mehl zum Bearbeiten

1. Den Hefeteig wie in der Backschule ausführlich beschrieben zubereiten.

2. Für die Bienenstichmasse die Zutaten, allerdings ohne die Mandeln, in einem kleinen Topf aufkochen und etwas einkochen lassen. Von der Kochstelle nehmen, die gehobelten Mandeln vorsichtig unterrühren und beiseitestellen.

3. Die Springform gut mit Butter einfetten. Den Hefeteig halbieren, die eine Hälfte auf einer leicht bemehlten Arbeitsfläche mit einer Teigrolle passend für die Springformgröße rund ausrollen und in die vorbereitete Springform legen. Den Teig mit einer Gabel einstechen und mit der Bienenstichmasse gleichmäßig bestreichen. Den Kuchen ca. 15 Minuten an einem warmen Ort ruhen lassen.

4. Den Backofen auf 180 °C Ober- und Unterhitze vorheizen. Den Bienenstich im vorgeheizten Backofen auf dem Rost auf mittlerer Schiene ca. 30 Minuten backen. Aus der anderen Hälfte des Hefeteigs einen Hefezopf nach Rezept (siehe Seite 11) herstellen und nach Belieben einfrieren.

5. Bienenstich aus dem Backofen nehmen, auf einem Kuchengitter etwas stehen lassen, aus der Form lösen und vollständig auskühlen lassen. Den Kuchen waagerecht aufschneiden, den oberen Teil in 10 Stücke einteilen und beiseitestellen. Den Ring der Springform wieder um den unteren Boden stellen.

6. Für die Vanillecreme die Gelatine in kaltem Wasser einweichen. Speisestärke mit etwas kalter Milch anrühren. Eier trennen, 3 Eigelbe zur Speisestärke geben und glatt rühren. Eiweiß und Zucker mit einem Handrührgerät zu nur leicht steifem Eischnee schlagen. Die Vanilleschote halbieren und das Mark herauskratzen. Die restliche Milch mit dem Vanillemark und der Schote in einem Topf aufkochen. Die Schote entfernen, den Speisestärken-Ansatz mit einem Schneebesen unterrühren und unter ständigem Rühren zu einer Creme kochen. Den Topf vom Herd nehmen und die ausgedrückte Gelatine unter Rühren darin auflösen. Anschließend maximal ein Drittel des Eischnees zügig einrühren und den Rest vorsichtig mit einem Teigschaber unterheben.

7. Die Vanillecreme direkt auf den Boden geben und verstreichen. Leicht abkühlen lassen, sodass die Creme anzieht, dann das eingeteilte Bienenstichoberteil auflegen. Den Kuchen ca. 1 Stunde kalt stellen. Anschließend aus dem Ring lösen.

Nuss-Schnecken

Rezept für 15 Stück und 1 Hefezopf oder 30 Stück

verwendete Formen:
2 Backbleche

Hefeteig
1 Hefeteig
(Grundrezept; siehe Seite 11)

Nussfüllung (für 15 Stück)
50 g Marzipanrohmasse
30 g Kristallzucker
1 Prise Zimt
2 Eiweiß (Größe M)
60 g gemahlene Haselnüsse

außerdem
Mehl zum Bearbeiten
1 Ei zum Bestreichen
3 EL Aprikosenkonfitüre

1. Den Hefeteig wie in der Backschule ausführlich beschrieben zubereiten.

2. Backofen auf 180 °C Ober- und Unterhitze vorheizen. Die Backbleche mit Backpapier auslegen.

3. Für die Nussfüllung alle Zutaten miteinander verrühren und beiseitestellen.

4. Die Hälfte vom Hefeteig auf einer leicht bemehlten Arbeitsfläche rechteckig ausrollen (20 × 40 cm). Die Nussfüllung auf dem Hefeteig verstreichen und die Teigplatte zu einer Rolle wickeln. Die Hefeteigrolle in ca. 2 cm breite Scheiben schneiden und die so entstandenen Schnecken mit der Schnittfläche mit etwas Abstand auf die vorbereiteten Bleche legen. Mit etwas verquirltem Ei zum ersten Mal bestreichen und ca. 15 Minuten ruhen lassen.

5. Vor dem Backen zum zweiten Mal dünn mit Ei bestreichen und beide Bleche im vorgeheizten Backofen auf einer der oberen bzw. unteren Schienen ca. 10 Minuten backen. Die Bleche tauschen und die Nuss-Schnecken weitere ca. 10 Minuten backen.

6. Die Aprikosenkonfitüre in einem kleinen Topf aufkochen. Die Nuss-Schnecken direkt nach dem Backen dünn mit der Konfitüre abglänzen und auf Kuchengittern auskühlen lassen.

Wenn ein Teil der Schnecken auf Vorrat eingefroren werden soll, sollten diese vorher nicht mit der Konfitüre bestrichen werden.

ROYAL
BAKING POWDER

Backschule Mürbeteig

am Rezept Käsekuchen

verwendete Form:
1 Springform (Ø 26 cm)

Grundrezept Mürbeteig
150 g zimmerwarme Butter
100 g Kristallzucker
1 Prise Salz
1 Ei (Größe M)
250 g gesiebtes Mehl
5 g Backpulver

Füllung
80 g Mehl
200 g Kristallzucker
1 TL Bourbonvanillezucker
1 Prise Salz
1 TL Zitronenabrieb
Saft von 1 Zitrone
4 Eier (Größe M)
750 g Speisequark (20 %)
100 g Milch

außerdem
Butter zum Einfetten
Mehl zum Bearbeiten
50 g Puderzucker

Die Mürbeteige möglichst immer am Vortag herstellen und in Frischhaltefolie über Nacht im Kühlschrank aufbewahren. Der Teig ist dann entspannter und lässt sich besser ausrollen. Am Tag selbst hat man zudem dadurch zusätzlich einen kleinen Zeitvorsprung.

Ich empfehle Ihnen, für das Kneten des Teigs ein leistungsstarkes Handrührgerät oder eine Küchenmaschine mit Knethaken zu verwenden. Geübte können den Teig auch mit den Händen verkneten.

1. Für den Mürbeteig Butter, Zucker, Salz, Ei, Mehl und Backpulver zu einem glatten Teig verkneten. Zu einer Kugel formen, in Frischhaltefolie wickeln und mindestens 1 Stunde kalt legen.

2. Für die Füllung das Mehl sieben und mit dem Zucker trocken mischen. Vanillezucker, Salz, Zitronenabrieb, -saft sowie Eier zugeben und glatt rühren. Anschließend den Quark und die Milch einrühren.

3. Den Backofen auf 180 °C Ober- und Unterhitze vorheizen. Den Springformboden mit Butter einfetten.
Ein Drittel des Teigs auf einer leicht bemehlten Arbeitsfläche mit einer Teigrolle dünn ausrollen. Einen 4 cm breiten Teigrand zuschneiden, zu einer Rolle einrollen und kalt legen. Den restlichen Teig gleichmäßig auf dem gefetteten Springformboden ausrollen, überstehenden Teig entfernen. Mit einer Gabel einstechen und mit dem Springformrand umlegen. Im vorgeheizten Backofen auf dem Rost auf mittlerer Schiene ca. 15 Minuten anbacken. Herausnehmen und leicht abkühlen lassen.

4. Den Springformrand mit Butter einfetten, den Teigrand einlegen und leicht andrücken. Quarkmasse einfüllen und den Käsekuchen auf mittlerer Schiene weitere ca. 40 Minuten backen. 10 Minuten vor Ende der Backzeit den Kuchen mit dem Puderzucker bestäuben und karamellisieren lassen.
Anschließend auf einem Kuchengitter etwas stehen lassen, aus der Form lösen und vollständig auskühlen lassen.

Nusshörnchen

Rezept für 10 Stück

verwendete Form:
1 Backblech

Mürbeteig
90 g zimmerwarme Butter
90 g Kristallzucker
1 TL Bourbonvanillezucker
½ TL Zitronenabrieb
1 Prise Salz
1 Ei (Größe M)
180 g gesiebtes Mehl
1 Msp. Backpulver

Füllung
50 g Marzipanrohmasse
30 g Kristallzucker
1 Prise Zimt
2 Eiweiß (Größe M)
30 g fein gemahlene Zwieback- oder Butterkeksbrösel
60 g fein gemahlene Haselnüsse

außerdem
Mehl zum Bearbeiten
1 Ei zum Bestreichen

1. Aus den angegebenen Zutaten wie in der Backschule ausführlich beschrieben (siehe Seite 23) einen glatten Mürbeteig kneten. Zu einer Kugel formen, in Frischhaltefolie wickeln und mindestens 1 Stunde kalt legen.

2. Für die Füllung alle Zutaten in eine Schüssel geben, mit einer Gabel mischen, zu einer homogenen Masse verarbeiten und in einen Spritzbeutel mit großer Lochtülle füllen.

3. Den Backofen auf 180 °C Ober- und Unterhitze vorheizen. Das Backblech mit Backpapier auslegen.
Den Teig auf einer leicht bemehlten Arbeitsfläche mit einer Teigrolle zu einem Rechteck (ca. 24 × 30 cm) ausrollen. Dann in 12 × 6 cm große Rechtecke einteilen. Mithilfe des Spritzbeutels die Masse länglich aufspritzen und die Füllung in dem Teig einrollen. Die Enden zusammendrücken und leicht spitz rollen.

4. Die Nusshörnchen c-förmig mit der Naht nach unten auf das vorbereitete Backblech legen und mit dem verquirlten Ei bestreichen. Im vorgeheizten Backofen auf mittlerer Schiene ca. 15 Minuten backen. Anschließend die Hörnchen auf Kuchengittern auskühlen lassen.

Rhabarberstreusel

verwendete Form:
1 Obstboden- oder Tarteform
(Ø 28 cm)

Mürbeteig
1 Mürbeteig
(Grundrezept; siehe Seite 23)

Streusel
75 g zimmerwarme Butter
75 g Kristallzucker
½ TL Bourbonvanillezucker
½ TL Zitronenabrieb
1 Prise Salz
150 g gesiebtes Mehl

Rhabarber
750 g Rhabarber
20 g Saftstopp

Creme
30 g Speisestärke
250 g Milch
2 Eier (Größe M)
75 g Sahne
80 g Kristallzucker
1 TL Bourbonvanillezucker

außerdem
Butter zum Einfetten
Mehl zum Bearbeiten
Backerbsen zum Blindbacken
2 EL Konfitüre
40 g fein gemahlene Zwieback- oder Butterkeksbrösel

1. Den Mürbeteig wie im Grundrezept in der Backschule ausführlich beschrieben zubereiten.

2. Für die Streusel sämtliche Zutaten mit den Händen, einem Handrührgerät oder einer Küchenmaschine miteinander verkneten, zu Streuseln zerbröseln und kalt stellen.

3. Den Rhabarber putzen, waschen, schälen und in 1 cm große Stücke schneiden. Mit Saftstopp in einer Schüssel mischen.

4. Für die Creme die Speisestärke mit etwas kalter Milch glatt rühren. Die Eier unterrühren. Die restliche Milch, Sahne, Zucker und Vanillezucker in einem kleinen Topf aufkochen.
Den Speisestärken-Ansatz mit einem Schneebesen einrühren und unter ständigem Rühren zu einer Creme kochen. In eine Schüssel füllen, mit Frischhaltefolie abdecken und auskühlen lassen.

5. Den Backofen auf 180 °C Ober- und Unterhitze vorheizen. Den Springformboden mit Butter einfetten.

6. Den Teig auf einer leicht bemehlten Arbeitsfläche mit einer Teigrolle, passend für die verwendete Form, rund ausrollen und die Form damit auslegen. Mit einer Gabel einstechen. Den Teig mit einem Backpapier abdecken und mit Backerbsen bedecken. Im vorgeheizten Backofen auf dem Rost auf mittlerer Schiene ca. 15 Minuten blindbacken.

7. Die Backerbsen und das Backpapier entfernen. Den Boden etwas auskühlen lassen und mit Konfitüre bestreichen. Mit den Bröseln bestreuen und die gekochte Creme darauf verteilen. Rhabarberstücke kreisförmig in die Creme stecken, mit Streuseln belegen und im Backofen auf dem Rost auf mittlerer Schiene weitere ca. 30–35 Minuten backen. Auf einem Kuchengitter auskühlen lassen.

Damit Sie in der Nebensaison auch nicht auf diesen Kuchen verzichten müssen, können Sie auch auf tiefgekühlten Rhabarber zurückgreifen. Diesen im tiefgekühlten Zustand mit 30 g Saftstopp vermischen und wie im Rezept beschrieben zubereiten.

Die Füllung können Sie statt
der Backmohnmischung auch mit
200g gemahlenem Mohn zubereiten. Dann benötigen Sie allerdings zusätzlich
zur aufgelisteten Füllung 200g Kristallzucker, 20g Speisestärke sowie 50g Milch.

Mohnkuchen

verwendete Form:
1 Springform (Ø 26 cm)

Mürbeteig
1 Mürbeteig
(Grundrezept; siehe Seite 23)

Füllung
250 g Backmohnmischung
45 g zimmerwarme Butter
2 Eier (Größe M)
1 TL Bourbonvanillezucker
50 g Milch
1 säuerlicher Apfel
(z. B. Boskop)
50 g Rosinen

außerdem
Butter zum Einfetten
Mehl zum Bearbeiten
2 EL Konfitüre
40 g fein gemahlene Zwieback- oder Butterkeksbrösel

1. Den Mürbeteig wie im Grundrezept in der Backschule ausführlich beschrieben zubereiten.

2. Für die Füllung die Backmohnmischung, Butter, Eier, Vanillezucker und Milch in eine Schüssel geben und alles miteinander mischen. Den Apfel schälen, das Kerngehäuse entfernen und in kleine Würfel schneiden. Apfelwürfel und Rosinen unter die Mohnmasse geben.

3. Den Backofen auf 180 °C Ober- und Unterhitze vorheizen. Den Springformboden gut mit Butter einfetten.

4. Ein Drittel des Teigs auf einer leicht bemehlten Arbeitsfläche mit einer Teigrolle dünn ausrollen. Einen 4 cm breiten Rand zuschneiden, zu einer Rolle aufrollen und kalt legen. Den restlichen Teig gleichmäßig auf dem gefetteten Springformboden ausrollen, überstehenden Teig entfernen. Mit einer Gabel einstechen und mit dem Springformrand umlegen. Im vorgeheizten Backofen auf dem Rost auf mittlerer Schiene ca. 15 Minuten anbacken. Herausnehmen und leicht abkühlen lassen.

5. Den Springformrand mit Butter einfetten, den Teigrand in die Form einlegen und leicht andrücken. Den Boden mit Konfitüre bestreichen und mit Bröseln bestreuen. Die Mohnfüllung darauf geben und glatt verstreichen. Die Backofentemperatur auf 175 °C reduzieren und den Kuchen ca. 35–40 Minuten backen. Anschließend auf einem Kuchengitter etwas stehen lassen, aus der Form lösen und vollständig auskühlen lassen. Mit Puderzucker bestäuben.

Mandeltörtchen

Rezept für 12 Stück

verwendete Formen:
Brioche-Förmchen
(Ø oben 6 cm, unten 4 cm)
1 Backblech

Mürbeteig
60 g zimmerwarme Butter
60 g Kristallzucker
1 TL Bourbonvanillezucker
¼ TL Zitronenabrieb
1 Prise Salz
1 Ei (Größe M)
150 g gesiebtes Mehl
1 Msp. Backpulver

Füllung
100 g zimmerwarme Butter
70 g Kristallzucker
200 g Marzipanrohmasse
2 Eier (Größe M)
1 Prise Salz
1 TL Orangenabrieb
1 TL Zitronenabrieb

außerdem
Butter zum Einfetten
Mehl zum Bearbeiten
80 g gehobelte Mandeln

1. Aus den angegebenen Zutaten wie in der Backschule ausführlich beschrieben (siehe Seite 23) einen glatten Mürbeteig kneten. Zu einer Kugel formen, in Frischhaltefolie wickeln und mindestens 1 Stunde kalt legen.

2. Für die Füllung Butter, Zucker, Marzipanrohmasse, Eier, Salz, Orangen- und Zitronenabrieb mit einem Handrührgerät oder in einer Küchenmaschine leicht aufschlagen.

3. Den Backofen auf 180 °C Ober- und Unterhitze vorheizen. Die Förmchen mit Butter einfetten.

4. Den Teig auf einer leicht bemehlten Arbeitsfläche mit einer Teigrolle dünn ausrollen und mit einem Ausstecher (Ø 7 cm) oder z.B. einem Glas 12 Böden ausstechen. Die Förmchen damit auslegen, die Füllung gleichmäßig darauf verteilen und mit gehobelten Mandeln bestreuen. Im vorgeheizten Backofen auf einem Backblech auf mittlerer Schiene ca. 15 Minuten goldbraun backen.

5. Anschließend auf ein Kuchengitter stürzen, etwas stehen lassen, Förmchen abnehmen, wenden und vollständig auskühlen lassen.

Backschule Blätterteig

am Rezept Schweineöhrchen

Für 25 Stück

verwendete Formen:
2 Backbleche

Grundrezept Blätterteig
365 g Mehl
250 g zimmerwarme Butter
240 g Wasser
25 g Kristallzucker
5 g Salz

außerdem
Mehl zum Bearbeiten
100 g Kristallzucker

Das reine Grundrezept ergibt ca. 900 g Blätterteig. So viel werden Sie in den seltensten Fällen benötigen. Für die einzelnen Rezepte benötigen Sie in der Regel nur etwa zwischen 200 g bzw. 400 g. Blätterteig lässt sich aber sehr gut einfrieren, dann bei Bedarf auftauen und weiter verarbeiten. Portionieren Sie ihn sich also, wie Sie ihn überwiegend brauchen, schlagen ihn in Folie ein und legen ihn in den Tiefkühler. Dort ist er ca. 6 Monate haltbar.

Ich empfehle Ihnen, für das Kneten des Teigs ein leistungsstarkes Handrührgerät oder eine Küchenmaschine mit Knethaken zu verwenden.

1. Das Mehl sieben. Die Butter in Würfel schneiden und mit 40 g Mehl gut verkneten. Die Butter wieder in eine quadratische Form bringen und 1 Stunde kalt stellen. Das restliche Mehl mit Wasser, Zucker und Salz zu einem Teig kneten und zu einer Kugel formen. In Frischhaltefolie wickeln und ebenfalls 1 Stunde kalt legen.

2. Den Blätterteig über Kreuz einschneiden und auf einer leicht bemehlten Arbeitsfläche doppelt so groß wie das Butterstück ausrollen. Die Butter wie ein Päckchen damit einpacken. Das Päckchen auf ca. 20 × 40 cm ausrollen. Überschüssiges Mehl abpinseln. Das rechte Drittel zur Mitte einschlagen und das linke Drittel darüber schlagen (einfache Tour). 30 Minuten kalt legen. Den Teig wieder auf einer leicht bemehlten Arbeitsfläche ausrollen, überschüssiges Mehl abpinseln. Von links ein Viertel einschlagen, von rechts drei Viertel einschlagen und das ganze noch einmal wie ein Buch zusammenklappen (doppelte Tour). 30 Minuten kalt legen. Die beiden Vorgänge erneut wiederholen und unbedingt die Ruhepausen einhalten.

3. Für die Schweineöhrchen von dem vorbereiteten Blätterteig 400 g abwiegen und den restlichen Teig einfrieren.
Zum Ausrollen der Schweineöhrchen Zucker statt Mehl benutzen. Den Blätterteig mithilfe einer Teigrolle möglichst dünn (ca. 2 mm) rechteckig (20 × 40 cm) ausrollen. Hierbei den Teig gleichmäßig in alle Richtungen rollen. Dann die Teigplatte mit Zucker bestreuen, umdrehen und diese Seite ebenfalls zuckern.

4. Die Teigplatte von beiden Seiten 5 cm einschlagen (20 × 30 cm), den Vorgang wiederholen (20 × 20 cm), Teigplatte auf (20 × 10 cm) einschlagen, zuletzt die eine Teigseite auf die andere klappen, als würde man ein Buch zusammenschlagen. Die Teigbahn in Frischhaltefolie einwickeln und 30 Minuten im Kühlschrank ruhen lassen.

5. Den Backofen auf 190 °C Ober- und Unterhitze vorheizen. Die Backbleche mit Backpapier belegen. Den Teig aus der Folie nehmen und mit einem scharfen Messer in 5 mm dicke Scheiben schneiden. Die Teigstücke mit der Schnittfläche im Abstand von 10 cm auf die vorbereiteten Backbleche legen. Das erste Blech auf mittlerer Schiene ca. 8 Minuten anbacken. Dann das Blech aus dem Ofen nehmen, die Gebäcke mit einer kleinen Palette wenden und auf der zweiten Seite weitere 4 Minuten backen. Mit dem zweiten Blech den Vorgang wiederholen. Die Schweineöhrchen auf Kuchengittern auskühlen lassen.

Generell sollte Blätterteig möglichst frisch verzehrt werden, weil er dann schön knusprig und buttrig schmeckt. Jedoch können die Schweineöhrchen in einer gut schließenden Dose auch einige Tage aufbewahrt werden.

Die Kirschtaschen eignen sich hervorragend zum Einfrieren. Hierzu die gefüllten Teigrohlinge einfrieren. Am Tag der Verwendung die Kirschtaschen auftauen lassen und wie im Rezept beschrieben backen.

Kirschtaschen

Rezept für 10 Stück

verwendete Form:
1 Backblech

Blätterteig
1 Blätterteig
(Grundrezept; siehe Seite 35)

Füllung
1 Glas Schattenmorellen
(720 ml)
35 g Speisestärke
50 g Kristallzucker
1 Prise Zimt
1 Spritzer Zitronensaft

außerdem
Mehl zum Bearbeiten
1 Ei zum Bestreichen
2 EL Aprikosenkonfitüre
Puderzucker zum Bestäuben

1. Den Blätterteig wie in der Backschule ausführlich beschrieben zubereiten. Für dieses Rezept wird die gesamte Blätterteigmenge benötigt.

2. Die Kirschen abtropfen lassen, den Saft dabei auffangen und 200 g abmessen. Die Speisestärke mit etwas Kirschsaft glatt rühren. Den restlichen Kirschsaft mit dem Zucker in einem kleinen Topf aufkochen. Den Speisestärken-Ansatz mit einem Schneebesen einrühren und unter Rühren aufkochen, bis der Guss klar ist. Den Topf vom Herd nehmen, die Kirschen mit einem Teigschaber unterheben und mit Zimt sowie Zitronensaft abschmecken.

3. Den Blätterteig auf einer leicht bemehlten Arbeitsfläche rechteckig (24 × 60 cm) ausrollen und in Quadrate von 12 × 12 cm einteilen. 1 EL Kirschfüllung auf jedes Rechteck verteilen. Die restliche Kirschfüllung in Schälchen füllen und beiseitestellen. Die Teigkanten mit Wasser bestreichen. Die zwei unteren Ecken greifen und zur Mitte wie einen Briefumschlag einklappen. Die Seiten andrücken. Die oberen Ecken greifen, einklappen (Brief schließen) und an den Enden zusammendrücken. Die Kirschtaschen mit der Naht nach unten auf ein mit Backpapier ausgelegtes Blech legen und mit der Hälfte des verquirlten Eis bestreichen. 20 Minuten kalt gestellt ruhen lassen.

4. Den Backofen auf 180 °C Ober- und Unterhitze vorheizen. Vor dem Backen die Kirschtaschen mit dem restlichen Ei bestreichen und ca. 45 Minuten goldgelb backen.

5. Nach dem Backen auf Kuchengittern auskühlen lassen. Aprikosenkonfitüre in einem kleinen Topf erwärmen, die Taschen mit der Konfitüre abglänzen und leicht mit Puderzucker bestäuben.

Die restliche Kirschfüllung kann für Desserts z. B. Waffeln (siehe Seite 157) verwendet werden.

Prasselkuchen

Rezept für 15 Stück

verwendete Formen:
2 Backbleche

Blätterteig
1 Blätterteig
(Grundrezept; siehe Seite 35)

Streusel
150 g zimmerwarme Butter
150 g Kristallzucker
1 TL Bourbonvanillezucker
1 TL Zitronenabrieb
1 Prise Salz
300 g gesiebtes Mehl

Glasur
200 g Puderzucker
Saft von 1 Zitrone

außerdem
Mehl zum Bearbeiten
1 Ei zum Bestreichen

1. Den Blätterteig wie im Grundrezept in der Backschule ausführlich beschrieben zubereiten. Für dieses Rezept wird die gesamte Blätterteigmenge benötigt.

2. Für die Streusel sämtliche Zutaten mit den Händen, einem Handrührgerät oder einer Küchenmaschine miteinander verkneten, zu Streuseln zerbröseln und kalt stellen.

3. Den Backofen auf 185 °C Ober- und Unterhitze vorheizen. Die Backbleche mit Backpapier belegen.
Den Blätterteig auf einer leicht bemehlten Arbeitsfläche mit einer Teigrolle rechteckig (35 × 40 cm) ausrollen. Den Teig mit einem Messer in 3 gleich große Teigstreifen schneiden und jeden Streifen in 5 Stücke schneiden.

4. Die Blätterteigstücke auf die vorbereiteten Backbleche legen, mit einer Gabel einstechen, mit dem verquirlten Ei bestreichen und dicht mit Streuseln belegen. Die Prasselkuchen im vorgeheizten Backofen nacheinander auf mittlerer Schiene ca. 8–9 Minuten backen. Anschließend auf Kuchengittern auskühlen lassen.

5. Puderzucker und Zitronensaft zu einer Glasur verrühren. Nachdem der Kuchen abgekühlt ist, mit einer Gabel in die Glasur tauchen und mit rascher Bewegung die Gabel über den Kuchen führen, um dünne Zuckergussfäden auf den Kuchen zu bekommen.

Holländer Kirschtorte

verwendete Form:
1 Backblech

Teigböden
450 g Blätterteig
(Grundrezept; siehe Seite 35)
1 Biskuitboden (siehe Seite 56)

Kirschfüllung
1 Glas Schattenmorellen
(720 ml)
25 g Speisestärke
50 g Kristallzucker
1 Prise Zimt
1 Spritzer Zitronensaft

Sahnecreme
6 Blatt Gelatine
600 g Sahne
70 g Kristallzucker
Mark von ½ Vanilleschote
1 EL Kirschwasser

Dekor
50 g geröstete gehobelte
Mandeln
50 g Sahne
6 kandierte Kirschen

außerdem
Mehl zum Bearbeiten
1–2 EL Kirsch- oder
Johannisbeer-Konfitüre
Puderzucker zum Bestäuben

1. Den Blätterteig wie in der Backschule ausführlich beschrieben zubereiten. 450 g abwiegen, den restlichen Teig einfrieren oder die entsprechende Menge auftauen.

2. Den Backofen auf 185 °C Ober- und Unterhitze vorheizen. Den Blätterteig halbieren und jede Hälfte auf einer leicht bemehlten Arbeitsfläche mit einer Teigrolle 2 mm dünn in einer Größe von 26 cm rund ausrollen. Auf ein mit Backpapier ausgelegtes Backblech legen und nacheinander backen. Den ersten Boden im vorgeheizten Backofen auf mittlerer Schiene ca. 8 Minuten backen, wenden und auf der gleichen Schiene weitere 5 Minuten backen. Sollte der Boden zu stark und ungleichmäßig blättern, nach dem Wenden ein Kuchengitter auf den Blätterteigboden legen und weiterbacken. Mit dem zweiten Boden ebenso verfahren. Die Böden auf Kuchengittern auskühlen lassen.

3. Den Biskuitboden wie im Rezept ausführlich beschrieben zubereiten. Einen 1,5 cm hohen Boden zuschneiden und den zweiten Boden einfrieren.

4. Die Kirschen gut abtropfen lassen, den Saft dabei auffangen und 50 g abmessen. Speisestärke mit etwas Kirschsaft glatt rühren. Den restlichen Kirschsaft mit dem Zucker in einem kleinen Topf aufkochen. Den Speisestärken-Ansatz mit einem Schneebesen einrühren und unter Rühren aufkochen, bis der Guss klar wird. Den Topf vom Herd nehmen. Die Kirschen mit einem Teigschaber unterheben, mit Zimt sowie Zitronensaft abschmecken und abkühlen lassen.

5. Einen Blätterteigboden mit einem Tortenring umlegen, mit Konfitüre bestreichen, den Biskuitboden auflegen und leicht andrücken. Die abgekühlten Kirschen auf den Biskuitboden geben, aber nicht ganz bis zum Rand verstreichen. Den zweiten Blätterteigboden in 12 Stücke einteilen und gut mit Puderzucker bestäuben.

6. Für die Sahnecreme die Gelatine in kaltem Wasser einweichen. Die Sahne mit Zucker mit einem Handrührgerät aufschlagen. Während des Aufschlagens das Vanillemark zugeben. Die ausgedrückte Gelatine mit dem Kirschwasser in einem kleinen Topf leicht erwärmen, bis sie aufgelöst ist, mit 1 EL Sahne verrühren und mit einem Teigschaber unter die restliche Sahne heben. Die Sahne auf die abgebundenen Kirschen geben und glatt streichen. Die Torte 2 Stunden kalt stellen.

7. Die Torte aus dem Ring lösen, den Tortenrand mit den Mandeln einmandeln und mit den Blätterteigstücken belegen. Die Sahne aufschlagen, mit einem Spritzbeutel und einer Sterntülle je eine Rosette pro Stück dressieren und mit einer halbierten Kirsche belegen.

Vanille-Aprikosenkuchen auf Blätterteig

verwendete Form:
1 Tarteform (Ø 26 cm)

Teigboden
200 g Blätterteig
(Grundrezept; siehe Seite 35)

Belag
200 g Vanillecreme
(siehe Seite 81)
1 Dose Aprikosen (850 ml)
1 Päckchen klarer Tortenguss

außerdem
Butter zum Einfetten
Mehl zum Bearbeiten
Backerbsen zum Blindbacken

1. Den Blätterteig wie in der Backschule ausführlich beschrieben zubereiten. 200 g Blätterteig abwiegen, den restlichen Teig einfrieren oder die entsprechende Menge auftauen.

2. Den Backofen bei 185 °C Ober- und Unterhitze vorheizen. Die Tarteform mit Butter einfetten.
Den Blätterteig auf einer leicht bemehlten Arbeitsfläche mit einer Teigrolle passend für die Tarteform dünn ausrollen. In die Form einlegen und mit einer Gabel einstechen.

3. Den Boden mit einem Backpapier abdecken und mit Backerbsen bedecken. Im vorgeheizten Backofen auf dem Rost auf mittlerer Schiene ca. 15 Minuten blindbacken.
Anschließend die Backerbsen und das Backpapier entfernen und den Boden weitere 4 Minuten backen. Dann auf einem Kuchengitter auskühlen lassen.

4. Die Aprikosen in einem Sieb gut abtropfen lassen. Die Vanillecreme nach Rezept herstellen, 200 g davon abnehmen, etwas abkühlen lassen und auf dem Boden verstreichen. Die restliche Creme kalt stellen. Den Kuchen mit den Aprikosen belegen. Den Tortenguss nach Packungsanleitung anrühren und die Aprikosen damit abglänzen.
Die restliche Creme kann mit Früchten als Dessert serviert werden.

Backschule Biskuitteig

am Rezept Zitronenrolle

Für 10 Stück

verwendete Form:
1 Backblech

Grundrezept Biskuitteig
2 Eier (Größe M)
65 g Kristallzucker
2 Eigelb (Größe M)
2 EL Wasser
65 g Mehl

Creme
2 unbehandelte Zitronen
2 Eier (Größe M)
100 g zimmerwarme Butter
100 g Kristallzucker

außerdem
40 g gehackte Mandeln
100 g Kristallzucker

Das Ei ist bei den Biskuitmassen der Hauptrohstoff. Da das Eiweiß sich gut steif schlagen lässt, dabei aber luftig bleibt, zeichnet es sich für die Lockerung des Biskuits verantwortlich. Mit der Zugabe von Eigelb wird der Biskuit wiederum schön saftig und bekommt eine tolle Färbung.

Als Tipp: Für einen Nussbiskuit 50 g gemahlene Haselnüsse gegen Mehl austauschen!

Ich empfehle Ihnen, für das Aufschlagen des Teigs ein leistungsstarkes Handrührgerät oder eine Küchenmaschine mit Rührbesen zu verwenden.

1. Den Backofen auf 180 °C Ober- und Unterhitze vorheizen. Das Backblech mit Backpapier auslegen, dabei das Backpapier von der kurzen bzw. langen Seite aus ziehharmonikaartig zu einer stabilen Kante falten, sodass das Papier eine Größe von 30 × 30 cm hat.

2. Eier trennen, 2 Eiweiß mit 25 g Zucker mit einem Handrührgerät steif schlagen. 4 Eigelb mit dem restlichen Zucker und Wasser in einer Schüssel über dem Wasserbad cremig aufschlagen. Dabei darf das Wasser nicht zu heiß werden, sonst stockt die Eimasse. Den Eischnee mit einem Teigschaber behutsam unter die Eigelbmasse heben. Das Mehl dazusieben und ebenfalls unterheben.

3. Die Biskuitmasse auf dem vorbereiteten Backblech verstreichen, mit den gehackten Mandeln bestreuen und im vorgeheizten Backofen auf mittlerer Schiene ca. 10–12 Minuten backen.

4. Nach dem Backen die obere Seite mit Zucker bestreuen und mit einem zweiten Backpapierbogen bedecken. Ein Kuchengitter auflegen, den Biskuit auf das Gitter wenden, das Blech abnehmen und auskühlen lassen.

5. Für die Creme die Zitronen heiß abwaschen, trocken reiben, die Zesten mit einem Zestenreißer abziehen und den Saft auspressen. Die Zesten mit den restlichen Zutaten in einem Topf erhitzen (auf ca. 85 °C), aber nicht aufkochen. Von der Kochstelle nehmen, durch ein Sieb streichen und abkühlen lassen. Die Creme mit Frischhaltefolie abdecken, abkühlen lassen und kalt stellen.

6. Das Backpapier vorsichtig vom Biskuit abziehen und die kalte Creme gleichmäßig darauf verstreichen. Mit einem Messer die Biskuitplatte der Länge nach durchschneiden und beide Biskuits einrollen. Die Zitronenrollen ca. 1 Stunde kalt stellen, anschließend an den Rändern gerade schneiden und in je 5 Stücke schneiden.

Himbeer-Charlotte

verwendete Formen:
2 Backbleche
1 Schüssel
(Ø 22 cm, Höhe 11 cm)
oder 1 Tortenring

Grundrezept Löffelbiskuit
3 Eier (Größe M)
50 g Kristallzucker
¼ TL Bourbonvanillezucker
¼ TL Zitronenabrieb
1 Prise Salz
50 g Mehl
50 g Speisestärke
Puderzucker zum Bestäuben

Himbeersahne
300 g frische oder tiefgekühlte Himbeeren
Saft von ½ Zitrone
6 Blatt Gelatine
2 Eigelb (Größe M)
100 g Kristallzucker
2 EL Wasser
500 g Sahne

Dekor
1 Minzespitze

1. Den Backofen auf 200 °C Ober- und Unterhitze vorheizen. Die Backbleche mit Backpapier auslegen. Für die Löffelbiskuit zunächst die Eier trennen. Eiweiß mit 30 g Zucker mit einem Handrührgerät aufschlagen. Eigelbe mit dem restlichen Zucker, Vanillezucker, Zitronenabrieb und Salz ebenfalls aufschlagen. Den Eischnee mit einem Teigschaber unter die Eigelbmasse heben. Das Mehl und die Speisestärke dazusieben und ebenfalls unterheben.

2. Die Masse mithilfe eines Spritzbeutels mit einer großen Lochtülle in ca. 7 cm lange Löffelbiskuits auf die vorbereiteten Backbleche spritzen. Mit Puderzucker bestäuben und im vorgeheizten Backofen auf einer der oberen und einer der unteren Schienen ca. 14–15 Minuten backen. Nach der Hälfte der Backzeit die Backbleche tauschen und fertig backen. Anschließend auf Kuchengittern auskühlen lassen.

3. Eine Schüssel nehmen bzw. einen Tortenring auf 22 cm Durchmesser einstellen und mit Frischhaltefolie auslegen. Die Löffelbiskuits, mit der gezuckerten Seite nach außen, dicht an dicht kreisförmig hineinstellen und den Boden dabei aussparen. Die restlichen Löffelbiskuits beiseitestellen.

4. Die frischen Himbeeren verlesen bzw. die tiefgekühlten auftauen lassen. Einige schöne Himbeeren zur Dekoration beiseitelegen. Die Hälfte der Himbeeren mit dem Zitronensaft mixen und das Himbeerpüree durch ein Sieb streichen. Gelatine in kaltem Wasser einweichen. Eigelbe, Zucker und Wasser in einer Schüssel über einem Wasserbad mit einem Handrührgerät cremig aufschlagen. Dann die Masse mit dem Handrührgerät oder einer Küchenmaschine kalt schlagen. Die Sahne mit dem Handrührgerät steif schlagen.

5. Die Gelatine gut ausdrücken, zusammen mit dem Himbeermark erwärmen und darin auflösen. Das Himbeermark unter die Eimasse rühren, maximal ein Drittel der Sahne mit einem Schneebesen zügig unterrühren und dann die restliche unterheben. Die Hälfte der Himbeersahne einfüllen und die restlichen ganzen Himbeeren darauf verteilen. Mit der übrigen Himbeersahne rasch abdecken.

6. Die Himbeersahne leicht anziehen lassen, die übrigen Löffelbiskuits als Tortenboden einlegen. Mit Frischhaltefolie abdecken und mindestens 2 Stunden kalt stellen.

7. Die Folie entfernen, die Charlotte auf eine Kuchenplatte stürzen und die restliche Folie ebenfalls entfernen. Mit frischen Himbeeren und der Minze dekorieren.

Schokoladen-Biskuitrolle mit Birne

verwendete Form:
1 Backblech

Biskuitteig
20 g Mehl
20 g Kakaopulver
4 Eier (Größe M)
110 g Kristallzucker

Füllung
1 Dose Birnen (850 ml)
1 TL Williams-Christ-Birnenbrand
1 Spritzer Zitronensaft

Schokoladensahne
80 g Bitterkuvertüre (60 % Kakaoanteil)
250 g Sahne
1 TL Puderzucker

Tränke
1 EL Williams-Christ-Birnenbrand

außerdem
100 g Kristallzucker zum Bestreuen
Puderzucker zum Bestäuben
Kakaopulver zum Bestäuben

1. Den Backofen auf 180 °C Ober- und Unterhitze vorheizen. Backblech mit Backpapier auslegen, dabei das Backpapier von der kurzen Seite aus ziehharmonikaartig zu einer stabilen Kante falten, sodass das Papier eine Größe von ca. 20 × 35 cm hat.

2. Für den Biskuit Mehl und Kakaopulver mischen und sieben. Die Eier trennen. Eiweiß mit 40 g Zucker mit einem Handrührgerät zu Schnee schlagen. Eigelbe mit dem restlichen Zucker in einer Schüssel mit einem Handrührgerät oder einer Küchenmaschine schaumig schlagen. Maximal ein Drittel des Eischnees mit einem Teigschaber unter die Eigelbmasse rühren. Den Rest im Wechsel mit der Mehl-Kakaomischung vorsichtig unterheben. Den Teig auf das vorbereitete Backblech streichen, gleichmäßig verteilen und im vorgeheizten Backofen auf mittlerer Schiene ca. 14–15 Minuten backen.

3. Nach dem Backen die obere Seite mit dem Zucker bestreuen und mit einem zweiten Backpapierbogen bedecken. Ein Kuchengitter auflegen, den Biskuit auf das Gitter wenden, das Blech abnehmen und auskühlen lassen.

4. Die Birnen gut abtropfen lassen, dabei den Birnensaft auffangen. Die Früchte in kleine Würfel schneiden und in einer Schüssel mit Birnenbrand sowie Zitronensaft mischen.

5. Für die Schokoladensahne die Kuvertüre in einer etwas größeren Schüssel über einem Wasserbad schmelzen lassen. Sahne und Puderzucker mit einem Handrührgerät nicht zu fest aufschlagen. Die Kuvertüre vom Herd nehmen und etwas abkühlen lassen. Maximal ein Drittel der geschlagenen Sahne mit einem Schneebesen zügig unterrühren und den Rest unterheben.

6. Den Biskuitteig vom Backpapier lösen. 2 EL Birnensaft mit Birnenbrand mischen und den Biskuit damit tränken. Die Schokoladensahne auf dem Biskuit gleichmäßig verstreichen, dabei ca. 3 cm am hinteren Rand aussparen. Die Birnenstückchen gleichmäßig darauf verteilen, den Biskuit vom Körper weg aufrollen und ca. 1 Stunde kalt stellen. Vor dem Servieren dünn mit Puderzucker und Kakaopulver bestäuben.

Malakofftorte

verwendete Form:
1 Springform (Ø 26 cm)

Teigböden
1 Mürbeteig
(Grundrezept; siehe Seite 23)
1 Biskuitboden (siehe Seite 56)

Löffelbiskuit
1 Löffelbiskuit-Grundrezept
(siehe Seite 51)

Tränke
20 g Orangenlikör
(z.B. Cointreau)
50 g Puderzucker
100 g Wasser

Creme
20 g Speisestärke
325 g Milch
2 Eigelb (Größe M)
100 g Kristallzucker
Mark ½ Vanilleschote
4 Blatt Gelatine
500 g Sahne

Dekor
50 g gehobelte Mandeln
50 g Sahne
25 g gehackte Pistazien

außerdem
Kakaopulver zum Bestäuben
1 EL Aprikosenkonfitüre

1. Den Mürbeteig wie in der Backschule ausführlich beschrieben zubereiten und ca. 2 mm dünn ausrollen. Den Biskuitteig ebenfalls wie im Rezept beschrieben zubereiten.

2. Die Löffelbiskuits laut Angabe vorbereiten, jedoch bei der Herstellung zusätzlich 12 kleine Punkte für die Dekoration aufspritzen. Den Orangenlikör mit Puderzucker und Wasser verrühren. Die ausgekühlten Löffelbiskuits großzügig damit tränken. Die Biskuitpunkte mit Kakaopulver bestäuben.

3. Für die Creme zunächst Speisestärke mit 2 EL kalter Milch anrühren und mit den Eigelben glatt rühren. Die restliche Milch mit Zucker und Vanillemark in einem kleinen Topf aufkochen, den Speisestärken-Ansatz mit einem Schneebesen einrühren und unter ständigem Rühren zu einer Creme kochen. Die Creme mit Frischhaltefolie abdecken und abkühlen lassen.

4. Die Gelatine in kaltem Wasser einweichen. Wenn die Creme abgekühlt ist, die Sahne mit einem Handrührgerät leicht steif schlagen. In einem kleinen Topf die ausgedrückte Gelatine erwärmen, auflösen und mit 1 EL gekochter Creme verrühren. Zusammen mit maximal einem Drittel der geschlagenen Sahne mit einem Schneebesen zügig unterrühren und den Rest unterheben.

5. Den abgekühlten Mürbeteigboden mit der Aprikosenkonfitüre bestreichen. Den Biskuitboden auflegen und mit einem Tortenring umstellen. Ein Drittel der Vanillesahne in den Ring füllen, verstreichen und komplett mit einer Schicht getränkter Löffelbiskuits belegen. Das nächste Drittel Sahne einfüllen und eine zweite Schicht getränkter Löffelbiskuits einlegen. Die übrige Sahne einfüllen, glatt streichen und die Torte 2 Stunden kalt stellen.

6. Die Malakofftorte aus dem Ring lösen und in 12 Teile einteilen. Den Rand mit Mandeln dekorieren. Die Sahne gut steif schlagen und in einen Spritzbeutel mit einer kleinen Lochtülle füllen. Je Stück eine Rosette aufspritzen, mit einem Biskuitpunkt belegen und in die Mitte der Torte Pistazien streuen.

Erdbeerbiskuit

verwendete Form:
1 Springform (Ø 26 cm)

Biskuitteig
6 Eier (Größe M)
150 g Kristallzucker
160 g Mehl
40 g flüssige Butter

Belag
500 g Erdbeeren
150 g Marzipanrohmasse
50 g Orangensaft
1 Spritzer Zitronensaft
1 Päckchen klarer Tortenguss

außerdem
Butter zum Einfetten
50 g gehackte Pistazien

1. Den Backofen auf 180 °C Ober- und Unterhitze vorheizen. Die Springform mit Butter einfetten und den Springformboden mit Backpapier auslegen. Einen Backpapierstreifen passend für den Rand zuschneiden und diesen damit auslegen.

2. Die Eier und den Zucker in einer Schüssel über einem heißen Wasserbad mit dem Handrührgerät cremig aufschlagen. Mit einem Handrührgerät oder einer Küchenmaschine kalt schlagen. Das Mehl dazusieben und mit einem Teigschaber unterheben. Die flüssige Butter einlaufen lassen und unterrühren. Die Masse in die vorbereitete Springform füllen und im vorgeheizten Backofen auf mittlerer Schiene ca. 30 Minuten backen.

3. Erdbeeren waschen, putzen und halbieren. In einer kleinen Schüssel Marzipanrohmasse, Orangensaft und Zitronensaft mit einer Gabel zu einer streichfähigen Masse zerdrücken.

4. Den Biskuitboden auf einem Kuchengitter leicht stehen lassen, aus der Form lösen, stürzen, Backpapier abziehen und vollständig auskühlen lassen. Falls notwendig etwas gerade schneiden und mit der Marzipanmasse bestreichen. Den Boden mit den Früchten belegen. Den Tortenguss nach Packungsanleitung anrühren und die Früchte mit etwa zwei Drittel davon abglänzen. Den restlichen Guss auf dem Kuchenrand verstreichen und mit den Pistazien dekorieren.

BAKING

Backschule Rührteig

am Beispiel Sandkuchen

verwendete Form:
1 Kastenform (ca. 25 × 11 cm)

Rührteig
200 g zimmerwarme Butter
200 g Kristallzucker
1 TL Bourbonvanillezucker
1 Prise Salz
3 Eier (Größe M)
2 Eigelb (Größe M)
125 g Mehl
125 g Speisestärke
10 g Backpulver

außerdem
Butter und Mehl für die Form
Puderzucker zum Bestäuben

Rührkuchen sind meist sehr schnell hergestellt. Beachten sollten Sie nur eins. Zu Beginn ist mir wichtig, dass Sie möglichst alle Zutaten aus dem Kühlschrank auf Zimmertemperatur bringen (vor allem im Winter). Damit haben Sie den Vorteil, dass alle Rohstoffe beim Herstellen der Masse die gleiche Temperatur haben. Die Rohstoffe können so am besten miteinander emulgieren und Sie erhalten eine glatte Masse, welche Sie nur noch in die vorbereitete Form füllen müssen.

Ich empfehle Ihnen, für die Zubereitung des Teigs ein leistungsstarkes Handrührgerät oder eine Küchenmaschine mit Rührbesen zu verwenden.

1. Den Backofen auf 180 °C Ober- und Unterhitze vorheizen. Die Form mit Butter einfetten und mit Mehl bestäuben, überschüssiges Mehl abklopfen.

2. Butter, Kristallzucker, Vanillezucker und Salz schaumig schlagen. Nach und nach die Eier sowie Eigelbe unterrühren. Mehl mit Speisestärke und Backpulver mischen und dazusieben. Alles gut miteinander verrühren und in die vorbereitete Form füllen.

3. Den Kuchen im vorgeheizten Backofen auf einer der unteren Schienen ca. 10 Minuten anbacken. Dann den Teig mit einem nassen Messer längs von Rand zu Rand einschneiden, so wird der Kuchen schön gleichmäßig. Weitere ca. 30–35 Minuten goldgelb backen. Ob der Teig gar ist, kann man mit einem Holzspieß prüfen. Dazu hineinstechen, wenn kein Teig mehr daran haftet, ist der Kuchen fertig. Ansonsten noch einige Minuten weiterbacken und erneut eine Garprobe durchführen.

4. Den Kuchen vorsichtig auf ein Kuchengitter stürzen, etwas stehen lassen, die Form vorsichtig abnehmen und den Kuchen vollständig auskühlen lassen. Mit Puderzucker bestäuben.

Marmorkuchen

verwendete Form:
1 Gugelhupfform (Ø 20 cm)

Rührteig
165 g zimmerwarme Butter
165 g Kristallzucker
1 TL Bourbonvanillezucker
1 TL Zitronenabrieb
1 Prise Salz
100 g Milch
3 Eier (Größe M)
280 g Mehl
50 g Speisestärke
10 g Backpulver
30 g Kakaopulver

außerdem
Butter und Mehl für die Form
Puderzucker zum Bestäuben

1. Den Backofen auf 180 °C Ober- und Unterhitze vorheizen. Die Form mit Butter einfetten und mit Mehl bestäuben, überschüssiges Mehl abklopfen.

2. Butter, Zucker, Vanillezucker, Zitronenabrieb und Salz mit einem Handrührgerät oder einer Küchenmaschine schaumig schlagen. 60 g Milch und die Eier unterrühren. Das Mehl, Speisestärke und Backpulver mischen, sieben und unterrühren. Die eine Hälfte des Teigs in die vorbereitete Form geben.

3. In die andere Hälfte die restliche Milch und das Kakaopulver geben und unterrühren. Sollte der Teig zu fest sein, noch etwas Milch zugeben. Auf den hellen Teig geben, in die Form füllen und mit einem Holzspieß oder einer Gabel zwei- bis dreimal durch den Teig fahren, um die gewünschte Marmorierung zu erhalten.

4. Den Kuchen im vorgeheizten Backofen auf einer der unteren Schienen ca. 45–50 Minuten backen. Wie beschrieben (siehe Seite 59) mit einem Holzspieß prüfen, ob der Teig gar ist.

5. Den Kuchen auf ein Kuchengitter stürzen, etwas stehen lassen, die Form abnehmen und den Kuchen vollständig auskühlen lassen. Mit Puderzucker bestäuben.

Den Kuchen kann man auch mit 100 g Bitterkuvertüre überziehen. Hierzu 70 g Kuvertüre in einer Schüssel über einem Wasserbad schmelzen. Die restlichen 30 g fein hacken und behutsam unterrühren. Den Kuchen mit der flüssigen Kuvertüre übergießen und eventuell mit einem Backpinsel verstreichen. Alternativ kann man auch 100 g Schokoladenglasur verwenden.

Zitronenkuchen

verwendete Form:
1 Kastenform (ca. 25 × 11 cm)

Rührteig
3 unbehandelte Zitronen
200 g zimmerwarme Butter
165 g Kristallzucker
1 TL Bourbonvanillezucker
1 Prise Salz
5 Eier (Größe M)
100 g Mehl
150 g Speisestärke
10 g Backpulver

Glasur
200 g Puderzucker

außerdem
Butter und Mehl für die Form

1. Den Backofen auf 180 °C Ober- und Unterhitze vorheizen. Die Form mit Butter einfetten und mit Mehl bestäuben, überschüssiges Mehl abklopfen.

2. Die Zitronen mit heißem Wasser abwaschen, trocken reiben und nur das Gelbe der Schale mit einer Küchenreibe abraspeln. Anschließend 2 Zitronen auspressen und den Saft für die Glasur zur Seite stellen.

3. Butter, Zucker, Vanillezucker, Zitronenabrieb und Salz in eine Schüssel geben und mit einem Handrührgerät oder einer Küchenmaschine schaumig schlagen. Nach und nach die Eier unterrühren. Mehl, Speisestärke und Backpulver mischen, dazusieben und unterrühren.

4. Den Teig in die vorbereitete Form geben. Im vorgeheizten Backofen auf einer der unteren Schienen ca. 10 Minuten anbacken. Dann den Teig mit einem nassen Messer längs von Rand zu Rand einschneiden, so wird der Kuchen schön gleichmäßig. Weitere 30–35 Minuten backen und wie im Grundrezept beschrieben (siehe Seite 59) mit einem Holzspieß prüfen, ob der Teig gar ist.

5. Den Kuchen auf ein Kuchengitter stürzen, etwas stehen lassen, die Form abnehmen und den Kuchen vollständig auskühlen lassen.

6. Für die Glasur den Puderzucker sieben und mit dem Zitronensaft glatt rühren, eventuell noch 1 EL Wasser dazugeben. Den Kuchen von der Mitte aus übergießen und die Glasur mit einem Backpinsel verstreichen.

Englischer Kuchen

verwendete Form:
1 Springform mit Rohrboden
(Ø 26 cm)

Rührteig
120 g Rosinen
40 g Orangeat
40 g Zitronat
20 g Rum
10 g Backpulver
300 g Mehl
250 g zimmerwarme Butter
200 g Kristallzucker
1 TL Bourbonvanillezucker
1 TL Zitronenabrieb
1 Prise Salz
60 g Marzipanrohmasse
6 Eier (Größe M)

außerdem
Butter und Mehl für die Form
Puderzucker zum Bestäuben

1. Den Backofen auf 180 °C Ober- und Unterhitze vorheizen. Die Form mit Butter einfetten und mit Mehl bestäuben, überschüssiges Mehl abklopfen.

2. Rosinen, Orangeat und Zitronat mit Rum in einer Schüssel mischen, abdecken und zur Seite stellen.

3. Das Backpulver unter das Mehl mischen und sieben. Butter, Zucker, Vanillezucker, Zitronenabrieb und Salz sowie Marzipanrohmasse mit einem Handrührgerät oder einer Küchenmaschine schaumig schlagen, abwechselnd Eier und Mehl unterrühren. Zuletzt die eingeweichten Früchte unter die Masse geben und nur noch kurz unterrühren.

4. Den Teig in die vorbereitete Form füllen und im vorgeheizten Backofen auf einer der unteren Schienen ca. 40 Minuten backen. Wie im Grundrezept beschrieben (siehe Seite 59) mit einem Holzspieß prüfen, ob der Teig gar ist.

5. Den Kuchen auf ein Kuchengitter stürzen, etwas stehen lassen, die Form abnehmen und den Kuchen vollständig auskühlen lassen. Mit Puderzucker bestäuben.

Nusskuchen

verwendete Form:
1 Gugelhupfform (Ø 20 cm)

Rührteig
225 g zimmerwarme Butter
225 g Kristallzucker
1 TL Bourbonvanillezucker
½ TL Zitronenabrieb
1 Prise Salz
4 Eier (Größe M)
180 g Mehl
10 g Backpulver
80 g gemahlene Haselnüsse

außerdem
Butter und Mehl für die Form
Puderzucker zum Bestäuben

1. Den Backofen auf 180 °C Ober- und Unterhitze vorheizen. Die Form mit Butter einfetten und mit Mehl bestäuben, überschüssiges Mehl abklopfen.

2. Butter, Zucker, Vanillezucker, Zitronenabrieb und Salz mit einem Handrührgerät oder einer Küchenmaschine schaumig schlagen. Nach und nach die Eier dazugeben. Mehl und Backpulver sieben, mit den gemahlenen Haselnüssen mischen und unter die Masse rühren.

3. In die vorbereitete Form füllen und im vorgeheizten Backofen auf einer der unteren Schienen ca. 45 Minuten backen. Wie im Grundrezept beschrieben (siehe Seite 59) mit einem Holzspieß prüfen, ob der Teig gar ist.

4. Den Kuchen auf ein Kuchengitter stürzen, etwas stehen lassen, die Form abnehmen und den Kuchen vollständig auskühlen lassen. Mit Puderzucker bestäuben.

Baumkuchentorte

verwendete Form:
1 Springform (Ø 26 cm)

Baumkuchenteig
6 Eier (Größe M)
180 g zimmerwarme Butter
170 g Kristallzucker
30 g Marzipanrohmasse
1 TL Zitronenabrieb
1 TL Orangenabrieb
1 Prise Salz
1 Msp. Kardamom
2 Eiweiß (Größe M)
90 g Speisestärke
90 g Mehl

Dekor
4 EL Aprikosenkonfitüre
200 g Marzipanrohmasse
40 g Puderzucker
4 Kumquats (Zwergorangen)
25 g gehackte Pistazien

außerdem
Butter zum Einfetten

1. Den Backofengrill auf 240 °C vorheizen. Die Backform mit Butter einfetten und den Boden mit Backpapier auslegen.

2. Die Eier trennen. Butter, 60 g Zucker, Marzipanrohmasse, Zitronen- und Orangenabrieb, Salz sowie Kardamom mit einem Handrührgerät oder einer Küchenmaschine schaumig schlagen. Nach und nach die Eigelbe unterrühren.

3. Das gesamte Eiweiß mit dem restlichen Zucker zu Eischnee schlagen, hierbei darauf achten, dass die Rührbesen fettfrei sind, sonst wird das Eiweiß nicht steif. Eine kleine Portion Eischnee mit einem Teigschaber zügig unterrühren, dann den restlichen Eischnee im Wechsel mit gesiebtem Mehl und Speisestärke behutsam unter die Masse heben. Sie reicht für ca. 8–9 Schichten.

4. Mit einer Schöpfkelle etwas Masse in die Form geben und gleichmäßig verteilen. Die Form auf einem Backblech auf der obersten Schiene unter den Backofengrill schieben und ca. 3 Minuten hell anbacken. Dann die nächste Schicht auftragen. Die Form wieder unter den Grill schieben und ca. 2 Minuten hell anbacken. Die weiteren Schichten ebenso auftragen und backen.

5. Auf einem Kuchengitter etwas stehen lassen, aus der Form lösen, stürzen, Backpapier abziehen und vollständig auskühlen lassen. Die Aprikosenkonfitüre in einem kleinen Topf erwärmen und die Torte mit einem Pinsel dünn abglänzen.

6. Marzipanrohmasse mit Puderzucker verkneten und zwischen Frischhaltefolie mit einer Teigrolle kreisförmig (Ø 26 cm) dünn ausrollen und auf die Tortenoberfläche legen.
Mit halbierten Kumquats und gehackten Pistazien dekorieren.

Frankfurter Kranz

verwendete Form:
1 Kranzform (Ø 28 cm)

Läuterzucker
130 g Kristallzucker
100 g Wasser

Biskuitteig
7 Eier (Größe M)
175 g Kristallzucker
185 g Mehl
45 g flüssige Butter

Buttercreme
20 g Speisestärke
400 g Milch
3 Eigelb (Größe M)
75 g Kristallzucker
Mark von ½ Vanilleschote
250 g zimmerwarme Butter
20 g Rum

Tränke
50 g Läuterzucker
10 g Rum

außerdem
Butter und Mehl für die Form
200 g Mandelkrokant
8 kandierte Kirschen

1. Zunächst einen Läuterzucker herstellen. In einem kleinen Topf den Kristallzucker mit dem Wasser aufkochen und ca. 5 Minuten kochen lassen.

2. Den Backofen auf 180 °C Ober- und Unterhitze vorheizen. Die Form mit Butter einfetten und mit Mehl bestäuben, überschüssiges Mehl abklopfen.

3. Für den Biskuitboden die Eier und den Zucker in einer Schüssel über einem Wasserbad mit einem Handrührgerät cremig aufschlagen und anschließend kalt schlagen. Mehl dazusieben, die flüssige Butter einlaufen lassen und mit einem Teigschaber vorsichtig unterheben. Den Teig in die Form füllen und im vorgeheizten Backofen auf dem Rost auf mittlerer Schiene ca. 25 Minuten backen.

4. Für die Buttercreme Speisestärke mit etwas kalter Milch anrühren, Eigelbe zugeben und glatt rühren. Restliche Milch, Zucker und Vanillemark aufkochen, den Speisestärken-Ansatz mit einem Schneebesen einrühren und unter ständigem Rühren zu einer Creme kochen. In eine Schüssel geben, mit Frischhaltefolie abdecken und auskühlen lassen. Die Butter mit einem Handrührgerät oder einer Küchenmaschine gut aufschlagen, die Creme nach und nach dazugeben und zum Schluss den Rum unterrühren.

5. Für die Tränke von dem vorbereiteten Läuterzucker 50 g abwiegen und mit dem Rum verrühren. Den Biskuitboden zweimal durchschneiden und mit der Läuterzucker-Rum-Tränke beträufeln. Den ersten Boden mit einem Viertel der Creme bestreichen, den zweiten auflegen und diesen ebenfalls mit einem Viertel bestreichen. Den dritten Boden auflegen. Etwa 50 g von der Creme für die Dekoration beiseitestellen, den Kranz vollständig mit der restlichen Creme einstreichen und mit Krokant bestreuen.

6. Die restliche Creme in einen Spritzbeutel mit kleiner Sterntülle füllen. Den Kuchen mit Rosetten dekorieren, je mit einer halbierten kandierten Kirsche belegen und ca. 2 Stunden kalt stellen.

Die Torte lässt sich prima vorbereiten. Einfach am Vortag zubereiten und kalt gestellt aufbewahren, so zieht sie gut durch und wird besonders aromatisch und saftig.

Herrentorte

verwendete Formen:
1 Springform (Ø 26 cm)
2 Backbleche

Biskuitteig
6 Eier (Größe M)
125 g zimmerwarme Butter
190 g Kristallzucker
1 TL Zitronenabrieb
1 Prise Salz
230 g Mehl

Weincreme
40 g Speisestärke
460 g trockener Weißwein (z.B. Riesling)
3 Eigelb (Größe M)
160 g Kristallzucker
20 g Zitronensaft

Dekor
200 g Marzipanrohmasse
50 g Puderzucker
oder 1 Marzipandecke (ca. 300 g)
200 g Bitterkuvertüre (60 % Kakaoanteil) oder Schokoladenglasur

1. Den Backofen auf 180 °C Ober- und Unterhitze vorheizen. Mithilfe der Springform auf 5 Bögen Backpapier einen Kreis aufmalen.

2. Die Eier trennen. Das Eiweiß mit 130 g Zucker und Salz mit einem Handrührgerät zu Schnee schlagen. Butter, restlichen Zucker und Zitronenabrieb mit einem Handrührgerät oder einer Küchenmaschine aufschlagen. Nach und nach die Eigelbe unterrühren. Maximal ein Drittel des Eischnees mit einem Teigschaber zügig unter die Masse rühren, den Rest vorsichtig unterheben. Das Mehl dazusieben und ebenfalls unterheben.

3. Die Masse in 5 gleichmäßigen Portionen auf die vorbereiten Backpapierbögen verteilen und rund verstreichen. Die Böden nacheinander auf einem Backblech im vorgeheizten Backofen auf mittlerer Schiene ca. 8 Minuten backen. Anschließend auf Kuchengittern auskühlen lassen.

4. Für die Weincreme die Speisestärke mit etwas kaltem Wein anrühren und die Eigelbe unterrühren. Den restlichen Wein mit Zucker und Zitronensaft aufkochen, den Speisestärken-Ansatz mit einem Schneebesen einrühren und unter ständigem Rühren zu einer Creme kochen.

5. Zum Füllen der Torte den Springformrand oder einen Tortenring um den ersten Boden stellen. Etwas von der noch warmen Weincreme darauf verstreichen und den nächsten Boden auflegen. Im Wechsel schichten, bis Creme und Böden verarbeitet sind, anschließend ca. 2 Stunden kalt stellen.

6. Die Torte aus dem Ring lösen. Marzipanrohmasse mit Puderzucker verkneten und zwischen Frischhaltefolie mit einer Teigrolle kreisförmig (Ø 30 cm) dünn ausrollen und die Torte damit vollständig abdecken.

7. Die Kuvertüre hacken. Zwei Drittel davon in einer Schüssel über einem Wasserbad auflösen, vom Herd nehmen und die restliche Schokolade behutsam einrühren, bis alle Stückchen aufgelöst sind. Die Kuvertüre über die Torte gießen, rasch – da die Kuvertüre sehr schnell anzieht – mit einer Palette vollständig und rundum verstreichen. Oder die Schokoladenglasur nach Packungsanleitung zubereiten und die Torte damit überziehen. Die Glasur fest werden lassen und zum Anschneiden der Torte ein in heißes Wasser getauchtes Messer verwenden.

Die Rosinen können zuvor auch in 2 EL Rum eingelegt werden.

Käsesahne

verwendete Form:
1 Springform (Ø 26 cm)

Teigböden
1 Mürbeteigboden
(Grundrezept; siehe Seite 23)
1 Biskuitboden (siehe Seite 56)

Käsesahne
6 Blatt Gelatine
100 g Milch
175 g Kristallzucker
3 Eigelb (Größe M)
500 g Sahne
500 g Speisequark (20 %)
Mark von ½ Vanilleschote
1 EL Zitronensaft
1 Prise Salz
25 g Rosinen

Dekor
50 g Sahne

außerdem
1–2 EL Konfitüre
Puderzucker zum Bestäuben

1. Den Mürbeteigboden wie in der Backschule ausführlich beschrieben zubereiten und ca. 2 mm dünn ausrollen. Nach dem Auskühlen mit Konfitüre bestreichen.

2. Den Biskuitboden ebenfalls nach Rezept herstellen, nach dem Auskühlen den Boden einmal durchschneiden. Einen Biskuitboden mit einem Tortenring umstellen, den anderen in 12 Stücke einteilen.

3. Für die Käsesahne die Gelatine in kaltem Wasser einweichen. Milch und Zucker aufkochen, die Eigelbe mit einem Schneebesen unterrühren und unter ständigem Rühren zu einer Creme kochen. Die Creme mit Frischhaltefolie abdecken und abkühlen lassen.

4. Die Sahne leicht aufschlagen. Quark, Vanillemark, Zitronensaft und Salz unter die Eimasse rühren. Die ausgedrückte Gelatine in einem kleinen Topf erwärmen und auflösen, mit 1 EL gekochter Creme verrühren und zur restlichen Eimasse geben. Zunächst ein Drittel der Sahne mit einem Schneebesen zügig unterrühren und dann den Rest unterheben.

5. Den Biskuitboden im Tortenring mit Rosinen bestreuen und die Käsesahne einfüllen. Glatt streichen und mit den Biskuitstücken belegen. Anschließend mindestens 1 Stunde kalt stellen.

6. Den Kuchen aus dem Ring lösen. Die Sahne gut steif schlagen, den Tortenrand damit glatt einstreichen und die Oberfläche mit Puderzucker bestäuben. Nochmals ca. 30 Minuten kalt stellen.

Schwarzwälder Kirschtorte

verwendete Form:
1 Springform (Ø 26 cm)

Schokoladenbiskuit
6 Eier (Größe M)
150 g Kristallzucker
2 EL Wasser
140 g Mehl
20 g Kakaopulver
20 g flüssige Butter

Kirschkompott
1 Glas Schattenmorellen (720 ml)
25 g Speisestärke
50 g Kristallzucker
1 Spritzer Zitronensaft

Sahnecreme
5 Blatt Gelatine
500 g Sahne
70 g Kristallzucker
2 EL Kirschwasser

Tränke
2 EL Kirschwasser
1 EL Puderzucker
100 g Kirschsaft

Dekor
100 g Sahne
6 kandierte Kirschen
100 g Schokoladenraspel

außerdem
Butter zum Einfetten

1. Den Backofen auf 180 °C Ober- und Unterhitze vorheizen. Die Springform mit Butter einfetten, den Springformboden mit Backpapier auslegen. Einen Backpapierstreifen passend für den Rand zuschneiden und diesen damit auslegen.

2. Die Eier und den Zucker mit Wasser in einer Schüssel über einem Wasserbad mit einem Handrührgerät zunächst cremig aufschlagen, von der Kochstelle nehmen und anschließend kalt schlagen. Mehl und Kakaopulver dazusieben, unterheben und die Butter unterrühren.

3. Den Teig in die vorbereitete Form füllen und im vorgeheizten Backofen auf mittlerer Schiene ca. 25 Minuten backen. Dann etwas stehen lassen, aus der Form lösen, stürzen, Backpapier abziehen und vollständig auskühlen lassen. Je nach Höhe des Bodens ein- oder zweimal durchschneiden. Falls sich drei Böden ergeben, wickeln Sie einen davon in Alufolie und frieren Sie ihn ein.

4. Für das Kompott die Kirschen in einem Sieb abtropfen lassen, den Saft dabei auffangen und 150 g davon abmessen. Speisestärke mit Zucker und 50 g Kirschsaft anrühren und in einem kleinen Topf mit einem Schneebesen unter ständigem Rühren aufkochen, bis der Guss klar wird. Den Topf von der Kochstelle nehmen, die Kirschen mit einem Teigschaber unterheben, mit Zitronensaft abschmecken und beiseitestellen.

5. Für die Sahnecreme die Gelatine in kaltem Wasser einweichen. Die Sahne mit einem Handrührgerät leicht aufschlagen, Zucker zugeben und weiter aufschlagen, bis die Masse leicht fest wird. Die Gelatine ausdrücken, in einem kleinen Topf erwärmen und auflösen. Das Kirschwasser und 1 EL Sahne unterrühren und unter die restliche geschlagene Sahne heben.

6. Für die Füllung eine Biskuitteighälfte mit dem Springformrand oder einem Tortenring umstellen und mit dem Kirschkompott bedecken. Den zweiten Biskuit auflegen und leicht andrücken. Restlichen Kirschsaft, -wasser und Puderzucker glatt verrühren und den Boden damit tränken. Die Kirschwassersahne darauf geben und glatt abstreichen.

7. Die Torte für mindestens 2 Stunden kalt stellen. Anschließend aus dem Ring lösen. Die Sahne aufschlagen und den Rand damit einstreichen. Mit Sahnetupfen versehen, mit je einer halbierten Kirsche verzieren und die Schokoladenraspel auf der Tortenoberfläche verteilen.

Für Schokoladeneclairs die Creme mit 125 g flüssiger Bitterkuvertüre einfärben. Die Eclairs mit der Schokoladencreme füllen und mit Kakaopulver bestäuben.

Eclairs

Rezept für 12 Stück

verwendete Form:
1 Backblech

Grundrezept Brandteig
125 g Milch
125 g Wasser
5 g Kristallzucker
60 g zimmerwarme Butter
2 Prisen Salz
Muskatnuss
200 g Mehl
3 Eier (Größe M)

Creme
30 g Speisestärke
75 g Kristallzucker
300 g Milch
2 Eier (Größe M)
200 g Sahne
Mark von ½ Vanilleschote

außerdem
Puderzucker zum Bestäuben
Kakaopulver zum Bestäuben

1. Für den Brandteig zunächst Milch, Wasser, Zucker, Butter, Salz, und 1 Prise frisch geriebene Muskatnuss in einem Topf aufkochen. Das Mehl sieben und auf einmal zugeben. Die Masse so lange rühren, bis sich ein Klumpen bildet und eine flaumige Schicht am Topfboden entsteht. Anschließend in eine Schüssel geben, auskühlen lassen und nach und nach die Eier mit einem Handrührgerät unterkneten, sodass eine glatte Masse entsteht.

2. Den Backofen auf 190 °C Ober- und Unterhitze vorheizen. Das Backblech mit Backpapier auslegen. Für die Creme Speisestärke und Zucker mit etwas kalter Milch anrühren, Eier unterrühren. Restliche Milch und Sahne aufkochen, Vanillemark und Speisestärken-Ansatz mit einem Schneebesen einrühren und unter ständigem Rühren zu einer Creme kochen. In eine Schüssel füllen, mit einer Frischhaltefolie abdecken und abkühlen lassen.

3. Den Teig in einen Spritzbeutel mit großer Sterntülle geben. Ca. 12 cm lange Eclairs im Abstand von 4 cm auf das vorbereitete Backblech spritzen. Im vorgeheizten Backofen auf mittlerer Schiene ca. 5 Minuten backen. Anschließend einen Kochlöffel in die Backofentür klemmen und weitere ca. 22 Minuten backen. Anschließend auf dem Blech auskühlen lassen.

4. Die Creme in einen Spritzbeutel mit kleiner Lochtülle füllen. In die Eclairs ein kleines Loch stechen und mit dem Spritzbeutel die Creme einfüllen. Dann mit Puderzucker und Kakaopulver bestäuben.

Madeleines

Rezept für 20 Stück

verwendete Form:
1 Madeleinesform

Teig
150 g zimmerwarme Butter
3 Eier (Größe M)
175 g Kristallzucker
2 TL Bourbonvanillezucker
1 Prise Salz
1 TL Zitronenabrieb
275 g Mehl
10 g Backpulver
125 g Milch

außerdem
Butter und Mehl für die Form
Puderzucker zum Bestäuben

1. Die Form mit Butter einfetten und mit Mehl bestäuben, überschüssiges Mehl abklopfen.

2. Die Butter in einem kleinen Topf schmelzen und leicht bräunen. Die Eier mit Zucker, Vanillezucker, Salz und Zitronenabrieb mit einem Handrührgerät oder einer Küchenmaschine verrühren.

3. Das Mehl mit dem Backpulver mischen und sieben. Die Milch leicht erwärmen und zusammen mit der Mehlmischung zur Ei-Zucker-Masse geben. Zum Schluss die gebräunte Butter unterrühren.

4. Die Masse mit einem Spritzbeutel in die Mulden füllen und 1 Stunde stehen lassen.

5. Den Backofen auf 180 °C Ober- und Unterhitze vorheizen. Die Form auf dem Rost auf mittlerer Schiene ca. 12 Minuten backen. Die Madeleines aus der Form stürzen, auf einem Kuchengitter auskühlen lassen und mit Puderzucker bestäuben.

Macarons

Rezept für ca. 35 Stück

verwendete Formen:
2 Backbleche

Macaronmasse
3 Eiweiß (Größe M)
45 g Kristallzucker
150 g Puderzucker
90 g gemahlene Mandeln

Canache
320 g weiße Schokolade
140 g Sahne
5 g Verveine
(getrocknete Eisenkrautblätter)
Zesten von 1 unbehandelten Limette

1. Das Eiweiß und den Kristallzucker mit einem Handrührgerät zu leicht steifem Eischnee schlagen. Den Puderzucker und die gemahlenen Mandeln zweimal sieben und mit einem Teigschaber nach und nach unter den Eischnee heben, bis die Masse schön glänzt.

2. Den Backofen auf 145 °C Ober- und Unterhitze vorheizen. Die Backbleche mit Backpapier auslegen. Die Macaronmasse mit einem Spritzbeutel mit kleiner Lochtülle rund auf die vorbereiteten Bleche aufspritzen und ca. 5 Minuten auf einer der oberen Schienen im Backofen antrocknen. Dann auf die mittlere Schiene schieben und weitere ca. 6 Minuten trocknen lassen. Die Ofentür dabei mit einem Kochlöffel einen Spalt geöffnet lassen.

3. Für die Canache die Schokolade fein hacken und in eine Schüssel geben. Sahne und Verveine in einem Topf aufkochen und ca. 5 Minuten ziehen lassen. Nochmals aufkochen und durch ein Sieb über die Kuvertüre gießen. Die Canache langsam verrühren und kurz in den Kühlschrank stellen. Sobald der Rand leicht anzieht – das dauert ca. 5 Minuten –, die Schüssel aus dem Kühlschrank nehmen und die Canache vorsichtig rühren. Mit den Limettenzesten verfeinern.

4. Zum Füllen die Macarons vom Backpapier ablösen und mit etwas Canache je zwei Stück zusammensetzen.

Macarons schmecken auch gut, wenn Sie mit einem Fruchtgelee gefüllt sind, zum Beispiel rote Macarons mit Himbeergelee.
Für Pistazienmacarons den Eischnee leicht grün färben und die Canache ohne Verveine, dafür aber mit 25 g gemahlenen Pistazien zubereiten.

Sie können die Macarons
auch gerne mit Lebensmittelfarbe einfärben.
Hierfür 1 bis 2 Tropfen in den aufgeschlagenen Eischnee rühren.

Tarte Tatin

verwendete Form:
1 Tarte- oder Springform
(Ø 28 cm)

Grundrezept Briséeteig
150 g zimmerwarme Butter
1 Prise Kristallzucker
1 Prise Salz
1 Ei (Größe M)
250 g gesiebtes Mehl
1 EL kaltes Wasser

Belag
4 Äpfel
5 EL Kristallzucker
25 g Butter

außerdem
Butter zum Einfetten

1. Für den Briséeteig Butter, Zucker, Salz, Ei und Mehl sowie Wasser mit einem Handrührgerät oder einer Küchenmaschine zu einem geschmeidigen Teig verkneten. Zu einer Rolle formen, in Frischhaltefolie wickeln und ca. 1 Stunde kalt legen.

2. Den Backofen auf 190 °C Ober- und Unterhitze vorheizen. Die Form mit Butter einfetten.
Für den Belag die Äpfel schälen, Kerngehäuse entfernen und in Spalten schneiden. Zucker in der Pfanne nach und nach schmelzen, Butterwürfel dazugeben und die Pfanne leicht schwenken.
Die Apfelstücke zugeben und in dem Karamell köcheln lassen.

3. Die Apfelspalten mit dem Karamell gleichmäßig in der Form verteilen, mit dem Teig abdecken und mit einer Gabel einstechen.

4. Im vorgeheizten Backofen ca. 30 Minuten backen. Den Kuchen im noch warmen Zustand aus der Form lösen, bevor der Karamell fest wird. Die Tarte lauwarm servieren.

Der Briséeteig ist ein ungezuckerter Mürbeteig.
Er wird traditionell für die Tarte Tatin verwendet.

Millefeuilles

Rezept für 8 Stück

verwendete Form:
1 Backblech

Blätterteig
400 g Blätterteig
(Grundrezept; siehe Seite 35)
100 g Kristallzucker zum Ausrollen

Creme
300 g Vanillecreme
(siehe Seite 81)
2 Blatt Gelatine
150 g Sahne

außerdem
Mehl zum Bearbeiten
Puderzucker zum Bestäuben
250 g frische Beeren (z.B. Himbeeren, Heidelbeeren)
Minzeblätter

1. Den Blätterteig wie in der Backschule ausführlich beschrieben zubereiten. 400 g abwiegen, den restlichen Teig einfrieren oder die entsprechende Menge auftauen.
Den Blätterteig auf einer leicht bemehlten Arbeitsfläche mit einer Teigrolle rechteckig (ca. 30 × 40 cm) ausrollen. Von beiden Seiten mit Zucker bestreuen und nochmals mit der Teigrolle darüber rollen. Den Blätterteig in 3 Bahnen à 10 cm Breite schneiden, auf Backpapier legen und 30 Minuten kalt stellen.

2. Den Backofen auf 190 °C Ober- und Unterhitze vorheizen. Den Teig vor dem Backen mit einer Gabel einstechen, mit einem Backpapier abdecken und mit einem Backofengitter belegen. So kann der Teig gleichmäßig aufgehen. Zunächst im vorgeheizten Backofen auf einem Backblech auf mittlerer Schiene ca. 12 Minuten backen, dann wenden und weitere 4–5 Minuten backen. Anschließend in je 8 Teile schneiden und auskühlen lassen.

3. Die Vanillecreme wie im Rezept beschrieben zubereiten. 300 g davon abnehmen, die übrige Creme kalt stellen und mit Früchten als Dessert servieren. Die Gelatine in kaltem Wasser einweichen und die Sahne mit einem Handrührgerät steif schlagen. Gelatine gut ausdrücken, in einem kleinen Topf erwärmen und auflösen, 1 EL Creme unter die Gelatine rühren und unter die restliche Vanillecreme geben. Die geschlagene Sahne mit einem Schneebesen nach und nach unterheben.

4. Die Blätterteigböden auslegen, die Creme in einen Spritzbeutel mit kleiner Lochtülle füllen und aufspritzen. Mit Blätterteig bedecken, eine weitere Cremeschicht aufspritzen und wiederum mit einem Boden bedecken. Die Millefeuilles mit Puderzucker bestäuben und mit den Beeren sowie Minzeblättern garnieren.

Die Torte nach Belieben noch mit Schokoladendekor verzieren. Am besten mit einem heißen, langen Messer anschneiden, dann zerbricht die Glasur nicht so schnell.

Cathérines „Sachertorte"

verwendete Form:
1 Springform (Ø 26 cm)

Schokoladenbiskuit
100 g Bitterkuvertüre
(60 % Kakaoanteil)
6 Eier (Größe M)
150 g Kristallzucker
1 Prise Salz
1 Vanilleschote
150 g zimmerwarme Butter
100 g Mehl
50 g Speisestärke
25 g Kakaopulver
10 g Backpulver

Füllung und Überzug
300 g Aprikosenkonfitüre
200 g Marzipanrohmasse
50 g Puderzucker oder
1 Marzipandecke (ca. 300 g)
200 g Bitterkuvertüre
(60 % Kakaoanteil)

außerdem
Butter zum Einfetten

1. Den Backofen auf 180 °C Ober- und Unterhitze vorheizen. Die Form mit Butter einfetten, den Springformboden mit Backpapier auslegen, einen Backpapierstreifen passend für den Rand zuschneiden und diesen damit auslegen.

2. Zunächst die Kuvertüre in einer Schüssel über einem Wasserbad schmelzen. Die Eier trennen. Eiweiß mit einem Handrührgerät mit der Hälfte des Zuckers und Salz steif schlagen. Das Mark aus der Vanilleschote herauskratzen, zusammen mit der Butter und dem restlichen Zucker mithilfe eines Handrührgerätes oder einer Küchenmaschine schaumig schlagen. Eigelbe nach und nach dazugeben. Das Mehl mit der Speisestärke, Kakao- und Backpulver mischen und sieben.

3. Die flüssige Kuvertüre zur Buttermasse geben und gut verrühren. Dann mit einem Teigschaber zuerst den Eischnee und anschließend die Mehlmischung vorsichtig unterheben. In die Form füllen und im vorgeheizten Backofen auf dem Rost auf mittlerer Schiene ca. 50 Minuten backen. Auf einem Kuchengitter etwas stehen lassen, aus der Form lösen, Boden stürzen, Backpapier abziehen und vollständig auskühlen lassen.

4. Den Boden einmal durchschneiden. Einen der Böden mit kalter Aprikosenkonfitüre bestreichen und den zweiten obenauf legen. Die restliche Aprikosenkonfitüre in einem kleinen Topf erwärmen und die Torte damit bestreichen. Die Marzipanrohmasse mit dem Puderzucker verkneten. Dann zwischen Frischhaltefolie mithilfe einer Teigrolle rund (Ø ca. 30 cm) ausrollen, die Torte damit vollständig abdecken und auf ein Kuchengitter setzen. Unter das Gitter einen Bogen Backpapier legen.

5. Zum Überziehen die Kuvertüre fein hacken, zwei Drittel davon in einer Schüssel über einem Wasserbad schmelzen. Kurz bevor die letzten Stückchen gelöst sind, vom Herd nehmen und die restliche Kuvertüre zugeben. So lange unterrühren, bis alle Stückchen gelöst sind.

6. Die Torte mit der Kuvertüre übergießen, mit einer Palette ein- bis zweimal Mal darüber streichen und das Gitter etwas aufklopfen, so verteilt sich die Kuvertüre gleichmäßig. Anschließend fest werden lassen.

Dobostorte

verwendete Formen:
1 Springform (Ø 26 cm)
1 Backblech

Biskuitteig
90 g Mehl
90 g Speisestärke
10 Eier (Größe M)
180 g Kristallzucker
1 Prise Salz
1 TL Bourbonvanillezucker
65 g flüssige Butter

Creme
75 g Bitterkuvertüre
(60 % Kakaoanteil)
40 g Speisestärke
375 g Milch
2 Eigelb (Größe M)
40 g Kristallzucker
250 g zimmerwarme Butter
75 g zimmerwarmer
Bitternougat

Karamell
140 g Kristallzucker
30 g Wasser

1. Den Backofen auf 180 °C Ober- und Unterhitze vorheizen. Mithilfe der Springform auf 6 Bögen Backpapier einen Kreis aufmalen.

2. Das Mehl und die Speisestärke sieben. Die Eier trennen. Eiweiß mit der Hälfte des Zuckers mit einem Handrührgerät oder einer Küchenmaschine zu Schnee schlagen. Eigelbe mit dem restlichen Zucker, Vanillezucker und Salz schaumig schlagen. Zunächst maximal ein Drittel Eischnee mit einem Teigschaber zügig unter die Eigelbmasse rühren, den Rest im Wechsel mit dem Mehl-Stärke-Gemisch unterheben. Die flüssige Butter einlaufen lassen und vorsichtig unterrühren.

3. Die Masse in 6 gleichmäßigen Portionen auf die vorbereiteten Backpapierbögen verteilen und rund verstreichen. Die Böden nacheinander auf einem Backblech im vorgeheizten Backofen auf mittlerer Schiene ca. 8 Minuten backen. Anschließend auf Kuchengittern auskühlen lassen.

4. Für die Creme die Kuvertüre in einer Schüssel über einem Wasserbad schmelzen lassen. Speisestärke mit etwas kalter Milch anrühren, Eigelbe zugeben und glatt rühren. Milch und Zucker aufkochen, Speisestärken-Ansatz mit einem Schneebesen einrühren, unter ständigem Rühren zu einer Creme kochen und in eine Schüssel umfüllen. Die Butter mit einem Handrührgerät kräftig aufschlagen und die Milchcreme nach und nach zugeben. Flüssige Kuvertüre zusammen mit dem Nougat unterrühren.

5. Für das Fertigstellen der Torte die Böden vom Backpapier lösen. Ein Viertel der Creme für das Einstreichen des Tortenrands sowie einen Tortenboden beiseitestellen. Einen der Böden mit einem Tortenring umstellen und mit etwas Schokoladencreme bestreichen. Den nächsten Boden auflegen, etwas andrücken und ebenfalls mit Creme bestreichen. So weiterverfahren, bis 5 Böden geschichtet sind und mit Creme enden. Die Torte ca. 2 Stunden kalt stellen.

6. Für den Karamell den Zucker in einem kleinen Topf schmelzen und leicht bräunen. Vom Herd nehmen und mit dem Wasser ablöschen. Vorsicht: der entstehende Wasserdampf ist sehr heiß. Den letzten Boden auf Backpapier legen, mit dem warmen Karamell übergießen und sofort verstreichen. Den Karamell kurz fest werden lassen und den Boden mit einem scharfen, gefetteten Messer in 12 Stücke schneiden. Die Torte aus dem Ring lösen und den Tortenrand mit der restlichen Creme bestreichen. Zum Schluss die karamellisierten Stücke auflegen.

Linzer Torte

verwendete Form:
1 Springform (Ø 26 cm)

Mürbeteig
225 g zimmerwarme Butter
250 g Kristallzucker
2 Eier (Größe M)
125 g gesiebtes Mehl
125 g gesiebte Speisestärke
10 g Backpulver
125 g gemahlene Haselnüsse
125 g gemahlene Mandeln
½ TL Zimt
½ TL Zitronenabrieb
1 EL Kakaopulver
1 Prise Salz

außerdem
Mehl zum Bearbeiten
250 g rote Konfitüre
(z. B. Himbeer-Konfitüre)
Butter zum Einfetten

1. Aus den angegebenen Zutaten wie in der Backschule ausführlich beschrieben (siehe Seite 23) einen Mürbeteig kneten. Den Teig zu einer Kugel formen, in Frischhaltefolie einwickeln und mindestens 2 Stunden kalt legen. Am besten den Teig bereits am Vortag zubereiten.

2. Den Backofen auf 180 °C Ober- und Unterhitze vorheizen. Die Form mit Butter einfetten.
Zwei Drittel vom Teig abstechen und den Rest wieder kalt legen. Den restlichen Teig auf dem gebutterten Springformboden mit einer Teigrolle passend ausrollen, überstehende Reste entfernen. Die Konfitüre in eine kleine Schüssel geben, glatt rühren und auf den ausgerollten Teig streichen.

3. Den restlichen Teig aus dem Kühlschrank nehmen und mit den eventuell übrigen Teigresten auf einer leicht bemehlten Arbeitsfläche mit einer Teigrolle dünn ausrollen. Mit einem Teigrad ca. 20 Stränge von 1,5 cm Breite zuschneiden. Die Hälfte der Stränge im Abstand von 3 cm auflegen, die Backform 45° drehen und den Rest so auflegen, dass ein Rautenmuster entsteht. Die überstehenden Teigstücke abschneiden. Mit dem Springformrand umlegen, die Teigreste zu einer Kordel rollen, im Kreis in die Form legen und mit einer Gabel andrücken. Im vorgeheizten Backofen auf dem Rost auf mittlerer Schiene ca. 50 Minuten backen. Anschließend erst auf einem Kuchengitter etwas stehen lassen, aus der Form lösen und vollständig auskühlen lassen.

Nach Belieben kann die Linzer Torte mit 50 g gerösteten gehobelten Mandeln verziert werden. Hierzu 2 EL rote Konfitüre in einem Topf erwärmen, den Tortenrand damit einstreichen und mit den gehobelten Mandeln verzieren.

Topfenstrudel

verwendete Form:
1 feuerfeste runde Form (Ø 28 cm) oder 1 Backblech

Grundrezept Strudelteig
125 g Mehl
1 Prise Salz
70 g Wasser
1 EL Öl

Füllung
500 g Magerquark
2 Eier (Größe M)
75 g Kristallzucker
25 g zimmerwarme Butter
1 TL Bourbonvanillezucker
Abrieb von 1 unbehandelten Orange
1 Prise Salz
50 g Rosinen
nach Belieben 20 g Rum

außerdem
Butter zum Einfetten
Mehl zum Bearbeiten
50 g flüssige Butter
Puderzucker zum Bestäuben

1. Für den Strudelteig Mehl in eine Schüssel sieben, mit Salz, Wasser und Öl mit einem Handrührgerät oder einer Küchenmaschine zu einem glatten Teig verkneten. Den Teig zu einer Kugel formen, in Frischhaltefolie einwickeln und bei Zimmertemperatur ca. 2 Stunden ruhen lassen.

2. Für die Füllung den Quark in einem Sieb abtropfen lassen und durch das Sieb streichen. Mit einem Handrührgerät oder einer Küchenmaschine die Eier mit Zucker, Butter, Vanillezucker, Orangenabrieb und Salz schaumig schlagen. Den Quark unter die Eigelbmasse rühren, anschließend die Rosinen unterheben. Nach Belieben mit dem Rum verfeinern.

3. Den Backofen auf 180 °C Ober- und Unterhitze vorheizen. Die Form mit Butter einfetten oder ein Backblech mit Backpapier auslegen und dieses in der Mitte leicht buttern.
Den Strudelteig auf einer leicht bemehlten Arbeitsfläche mit einer Teigrolle so weit wie möglich ausrollen. Ein großes Tuch auslegen, leicht bemehlen, den Teig darauf hauchdünn ausziehen und mit etwas zerlassener Butter bestreichen.

4. Die Quarkfüllung der Länge nach auf das untere Drittel des Strudels verteilen, die Seiten einklappen und die Masse mit dem Teig wie ein Päckchen einwickeln. Mithilfe des Tuchs den Strudel aufrollen und in die vorbereitete Form oder auf das gebutterte Backpapier mit der Naht nach unten legen. Etwas in Form bringen und wiederum mit etwas flüssiger Butter bestreichen. Im vorgeheizten Backofen die Form auf dem Rost bzw. das Backblech ebenfalls auf mittlerer Schiene ca. 35 Minuten backen. Nach dem Backen mit der restlichen Butter bestreichen, leicht auskühlen lassen und mit Puderzucker bestäuben.

Apfelstrudel

verwendete Form:
1 Backblech

Strudelteig
1 Strudelteig
(Grundrezept; siehe Seite 97)

Füllung
3 Äpfel (z.B. Boskop)
40 g Kristallzucker
60 g fein gemahlene Zwieback- oder Butterkeksbrösel
2 Prisen Zimt
25 g gehobelte Mandeln
25 g Rosinen
1 TL Zitronenabrieb

außerdem
Butter zum Einfetten
Mehl zum Bearbeiten
50 g flüssige Butter
Puderzucker zum Bestäuben

1. Den Teig wie im Grundrezept beschrieben zubereiten.

2. Die Äpfel schälen, das Kerngehäuse entfernen und in kleine Stücke schneiden. Mit den restlichen Zutaten in eine Schüssel geben und alles miteinander vermischen.

3. Den Backofen auf 180 °C Ober- und Unterhitze vorheizen. Ein Backblech mit Backpapier auslegen und dieses in der Mitte leicht mit Butter einfetten.

4. Den Strudelteig auf einer leicht bemehlten Arbeitsfläche so weit wie möglich mit einer Teigrolle ausrollen. Ein großes Tuch auslegen, leicht bemehlen, den Teig darauf hauchdünn ausziehen und mit etwas zerlassener Butter bestreichen.

5. Die Füllung auf das untere Drittel der Länge nach verteilen. Den Teig von der Kante aus über die Füllung ziehen, Teigkanten einschlagen, und die Füllung wie ein Päckchen einwickeln. Dann mithilfe des Tuchs den Strudel vorsichtig straff einrollen.

6. Den Strudel ebenfalls mithilfe des Tuchs mit der Naht nach unten auf das Blech legen, nochmals nachformen und wiederum mit etwas flüssiger Butter bestreichen. Im vorgeheizten Backofen auf mittlerer Schiene ca. 35 Minuten backen. Den Strudel währenddessen 2–3 Mal mit flüssiger Butter bestreichen.

7. Anschließend kurz abkühlen lassen und vor dem Servieren mit Puderzucker bestäuben.

Schokoladenkuchen

verwendete Form:
1 Springform (Ø 26 cm)

Rührteig
250 g Bitterkuvertüre
(60 % Kakaoanteil)
125 g zimmerwarme Butter
100 g Mehl
90 g Puderzucker
100 g gemahlene Mandeln
5 Eier (Größe M)
20 g Kristallzucker

außerdem
Butter zum Einfetten
Kakaopulver zum Bestäuben

1. Den Backofen auf 180 °C Ober- und Unterhitze vorheizen. Die Form mit Butter einfetten.

2. Die Kuvertüre fein hacken und mit der Butter in einer Schüssel über einem Wasserbad schmelzen. Mehl und Puderzucker separat sieben. Puderzucker mit den gemahlenen Mandeln mischen.

3. 3 Eier trennen. Eiweiß mit Zucker mit einem Handrührgerät zu Schnee schlagen. Die restlichen Eier zu den Eigelben geben und beiseitestellen.

4. Die geschmolzene Kuvertüre-Butter-Mischung vom Herd nehmen. Das Mandel-Puderzucker-Gemisch mit einem Teigschaber unterrühren. Die Eigelbe zügig untermischen, bis die Masse sich verbindet und schön glänzt. Ein Drittel des Eischnees zügig unterrühren und den Rest abwechselnd mit dem Mehl unterheben.

5. Die Masse in die vorbereitete Form füllen und im vorgeheizten Backofen ca. 25–30 Minuten backen. Den Kuchen auf einem Kuchengitter etwas stehen lassen, aus der Form lösen und vollständig auskühlen lassen. Mit Kakaopulver bestäuben.

Als kleine Anregung:

Der Schokoladenkuchen eignet sich auch gut als lauwarmes Dessert – solo! Sie können ihn auch als Dessertvariation mit einer Schokoladenmousse servieren. Hierfür nehmen Sie die Rezeptur der Schokoladensahne mit Krokant und flambierten Bananen (siehe Seite 103). Bereiten Sie die Mousse wie im Rezept zu und füllen Sie sie in eine Glasschüssel. 2 Stunden kalt stellen und zum Anrichten mit einem Löffel Nocken abstechen. Mit den flambierten Bananen auf dem Dessertteller anrichten. Et voilà!

Schokoladensahne

mit Krokant und flambierten Bananen

verwendete Form:
1 Springform (Ø 26 cm)

Teigboden
1 Sacherboden
(siehe Seite 91)
200 g Bitterkuvertüre
(60 % Kakaoanteil)

Flambierte Bananen
5 Bananen
2 EL Kristallzucker
20 g kalte Butter
15 g Rum

Schokoladensahne
400 g Sahne
90 g Kristallzucker
30 g Wasser
3 Eigelb (Größe M)
50 g Krokant zum Bestreuen

außerdem
150 g Krokant
Kakaopulver zum Bestäuben
Saft von ½ Zitrone

1. Den Sacherboden wie im Rezept beschrieben zubereiten. Einen ca. 1,5 cm hohen Boden zuschneiden, den anderen in Alufolie gewickelt einfrieren.
Die Kuvertüre in einer Schüssel über einem Wasserbad schmelzen und den Sacherboden damit bestreichen.

2. Eine Banane für die Dekoration beiseitelegen. 4 Bananen schälen und halbieren. Zucker in einer großen Pfanne schmelzen und leicht bräunen. Die Butter in kleinen Würfeln dazugeben, etwas schwenken und die Bananen einlegen. Leicht köcheln lassen, mit Rum ablöschen und flambieren. So lange schwenken, bis die Flamme erlischt. Dann die karamellisierten Bananen auf eine kalte Platte geben.

3. Den mit der Kuvertüre bestrichenen Boden umdrehen, mit den flambierten Bananen belegen und mit dem Springformrand oder mit einem Tortenring umstellen.

4. Die Sahne mit einem Handrührgerät leicht aufschlagen. Zucker mit Wasser aufkochen und etwas einkochen. Eigelbe in einer Schüssel mit einem Handrührgerät aufschlagen und die Zuckerlösung in dünnem Strahl einlaufen lassen. Die Eimasse anschließend mit einem Handrührgerät oder einer Küchenmaschine kalt schlagen. Maximal ein Drittel der geschlagenen Sahne mit einem Schneebesen zügig unterrühren und dann den Rest unterheben.

5. Die Hälfte der Schokoladensahne in den Ring füllen. Mit Krokant bestreuen, die übrige Sahne einfüllen und glatt streichen. Die Torte 2 Stunden kalt stellen. Anschließend die Torte aus dem Ring lösen und den Rand mit Krokant verzieren. Die Tortenoberfläche mit Kakaopulver bestreuen. Die Banane schälen, schräg in Scheiben schneiden, mit Zitronensaft beträufeln und die Torte damit dekorieren.

Schokoladen-Williams-Sahne

verwendete Form:
1 Springform (Ø 26 cm)

Teigböden
1 Mürbeteigboden
(Grundrezept; siehe Seite 23)
1 Biskuitboden (siehe Seite 56)

Tränke
1 Dose Birnen (850 g)
20 g Williams-Christ-Birnenbrand
30 g Puderzucker

Schokoladensahne
200 g Bitterkuvertüre
(60 % Kakaoanteil)
400 g Sahne
50 g Milch
50 g Puderzucker
3 Eigelb (Größe M)

Dekor
100 g Schokoladenraspel

außerdem
1 EL Konfitüre

1. Den Mürbe- und den Biskuitteig wie in den Rezepten beschrieben zubereiten.
Den Biskuitboden ca. 1,5 cm hoch zuschneiden, den restlichen Boden in Alufolie gewickelt einfrieren.

2. Die Birnen abtropfen lassen und den Saft dabei auffangen.
2 Birnen in Spalten schneiden und für die Dekoration beiseitelegen. Die restlichen Birnen in kleine Würfel schneiden. Aus Birnenbrand, 2 EL Birnensaft und Puderzucker eine Tränke herstellen.

3. Für die Schokoladensahne die Kuvertüre hacken, in einer Schüssel über einem Wasserbad schmelzen und warm halten. Die Sahne mit einem Handrührgerät leicht aufschlagen. Milch, Puderzucker und Eigelbe in einer Schüssel über einem Wasserbad mit einem Handrührgerät zunächst warm, dann kalt schlagen. Die flüssige, warme Kuvertüre unter die Eimasse rühren, bis sie schön glänzt. Maximal ein Drittel der geschlagenen Sahne mit einem Schneebesen zügig unterrühren, den Rest unterheben. Nicht zu lange rühren, da die Mousse sonst an Volumen verliert.

4. Den Mürbeteigboden mit der Konfitüre bestreichen, mit dem Biskuitboden belegen und etwas andrücken. Die Böden mit der Springform oder einem Tortenring umstellen. Den Biskuitboden mit der Tränke beträufeln, die Hälfte der Schokoladenmousse in den Tortenring füllen und glatt streichen. Die Birnenwürfel darauf streuen, mit der restlichen Mousse bedecken, glatt streichen und mindestens 2 Stunden kalt stellen.

5. Aus dem Ring lösen, mit Schokoladenraspeln bestreuen und mit den Birnenspalten belegen.

Schokoladen-Ingwer-Kuchen

verwendete Form:
1 Kastenform (25 × 11 cm)

Rührteig
160 g Bitterkuvertüre
(60 % Kakaoanteil)
145 g zimmerwarme Butter
80 g Mehl
60 g gemahlene Mandeln
4 Eier (Größe M)
20 g Kristallzucker
1 Prise Salz
1 TL Bourbonvanillezucker
140 g Puderzucker

Ingwer-Canache
20 g frischer Ingwer
80 g Sahne
200 g Bitterkuvertüre
(60 % Kakaoanteil)
30 g kandierter Ingwer

außerdem
Butter und Mehl für die Form
Kakaopulver zum Bestäuben

1. Den Backofen auf 180 °C Ober- und Unterhitze vorheizen. Die Form mit Butter einfetten und mit Mehl bestäuben, überschüssiges Mehl dabei abklopfen.

2. Die Kuvertüre fein hacken und mit der Butter in einer Schüssel über einem Wasserbad schmelzen. Das Mehl sieben, mit den gemahlenen Mandeln mischen und unter die geschmolzene Schokolade rühren. Die Eier trennen. Eiweiß mit Zucker und Salz mit einem Handrührgerät zu Schnee schlagen. Eigelbe, Vanille- und Puderzucker mit dem Handrührgerät oder einer Küchenmaschine leicht schaumig schlagen. Zuerst die Eigelbmasse unter die Kuvertüre-Butter-Mischung rühren, dann maximal ein Drittel des Eischnees mit einem Teigschaber zügig unterrühren und den restlichen unterheben.

3. Die Schokoladenmasse in die vorbereitete Form füllen und den Kuchen im vorgeheizten Backofen auf dem Rost auf einer der unteren Schienen ca. 40 Minuten backen. Anschließend auf ein Kuchengitter stürzen, etwas stehen lassen, die Form abnehmen und den Kuchen vollständig auskühlen lassen.

4. Für die Canache den frischen Ingwer schälen, in kleine Stücke schneiden und mit der Sahne in einem kleinen Topf aufkochen. Vom Herd nehmen und ca. 5 Minuten ziehen lassen. Die Kuvertüre sehr fein hacken und in eine Schüssel geben. Die noch heiße Sahne durch ein Sieb darüber gießen und mit einem Teigschaber verrühren. Den kandierten Ingwer in Würfel schneiden und beiseitestellen.

5. Den Schokoladenkuchen zweimal waagerecht durchschneiden, zwei Schichten davon jeweils mit einem Drittel der Canache bestreichen und mit den kandierten Ingwerwürfeln bestreuen. Den Kuchen wieder zusammensetzen, mit der restlichen Canache von außen einstreichen und mit Kakaopulver bestäuben.

Die Canache lässt sich auch ohne Ingwer zubereiten.

Schokoladen-Rotweinkuchen

verwendete Form:
1 Gugelhupfform (Ø 20 cm)

Rührteig
100 g zimmerwarme Butter
125 g Puderzucker
75 g Nougat
2 Eier (Größe M)
20 g Kakaopulver
110 g Mehl
10 g Backpulver
20 g Schokoladentröpfchen
50 g gemahlene Haselnüsse
110 g Rotwein

außerdem
Butter und Mehl für die Form
Puderzucker zum Bestäuben
30 g Schokoladenspäne

1. Den Backofen auf 180 °C Ober- und Unterhitze vorheizen. Die Form mit Butter einfetten und mit Mehl bestäuben, überschüssiges Mehl dabei abklopfen.

2. Butter, Puderzucker und Nougat mit einem Handrührgerät oder in einer Küchenmaschine schaumig schlagen. Die Eier nach und nach unterrühren. Kakao, Mehl und Backpulver dazusieben, Schokoladentröpfchen sowie Haselnüsse untermischen und alles im Wechsel mit dem Rotwein unter die Buttermasse rühren.

3. Die Masse in die vorbereitete Form füllen und im vorgeheizten Backofen auf dem Rost auf einer der unteren Schienen ca. 40 Minuten backen. Mit einem Spieß prüfen, ob der Kuchen gar ist (siehe Seite 59).

4. Den Kuchen auf ein Kuchengitter stürzen, etwas stehen lassen, die Form abnehmen und den Kuchen vollständig auskühlen lassen. Nach dem Erkalten mit Puderzucker bestäuben oder nach Belieben nochmals mit etwas Rotwein beträufeln und durchziehen lassen. Mit Schokoladenspänen dekorieren.

Aprikosen-Mandel-Kuchen

verwendete Form:
1 Springform (Ø 26 cm)

Rührteig
225 g zimmerwarme Butter
150 g Puderzucker
50 g Marzipanrohmasse
1 TL Bourbonvanillezucker
½ TL Zitronenabrieb
225 g Mehl
10 g Backpulver
3 Eier (Größe M)

Belag
1 Dose Aprikosen (850 ml)
2 EL Aprikosenkonfitüre
25 g gehackte Pistazien

außerdem
Butter und Mehl für die Form
Mehl zum Bearbeiten

1. Den Backofen auf 180 °C Ober- und Unterhitze vorheizen. Die Form mit Butter einfetten und mit Mehl bestäuben, überschüssiges Mehl dabei abklopfen.

2. Die Butter mit Puderzucker, Marzipanrohmasse, Vanillezucker und Zitronenabrieb mit einem Handrührgerät oder einer Küchenmaschine schaumig rühren. Das Mehl mit dem Backpulver mischen, sieben und im Wechsel mit den Eiern unter die Buttermasse rühren.

3. Die Aprikosen in einem Sieb abtropfen lassen. Den Teig in die Form füllen, glatt streichen und mit den Aprikosen belegen. Leicht andrücken und den Kuchen auf dem Rost auf mittlerer Schiene ca. 45 Minuten backen.

4. Den Kuchen auf einem Kuchengitter vollständig auskühlen lassen und aus der Form lösen. In einem kleinen Topf etwas Aprikosenkonfitüre erwärmen und den Kuchen auf der Oberfläche sowie am Rand damit abglänzen. Mit gehackten Pistazien dekorieren.

Für den Belag können Sie natürlich statt Aprikosen aus der Dose auch 8 frische Aprikosen verwenden.

Zwetschgenkuchen

verwendete Form:
1 Springform (Ø 26 cm)
oder 1 Backblech bzw.
Fettpfanne
(hierfür die Zutaten verdoppeln)

Mürbeteig
100 g zimmerwarme Butter
50 g Kristallzucker
1 TL Bourbonvanillezucker
1 Prise Salz
1 Ei (Größe M)
150 g gesiebtes Mehl

Belag
1 kg Zwetschgen
50 g Biskuitbrösel
10 g Kristallzucker
1 Prise Zimt

außerdem
Butter zum Einfetten
Mehl zum Bearbeiten
1 Päckchen klarer Tortenguss

1. Aus den angegebenen Zutaten wie in der Backschule ausführlich beschrieben (siehe Seite 23) einen glatten Mürbeteig kneten.
Eine Kugel formen, in Frischhaltefolie einwickeln und mindestens 1 Stunde kalt legen.

2. Die Zwetschgen waschen, entsteinen und vierteln, jedoch nicht komplett durchschneiden.
Den Backofen auf 180 °C Ober- und Unterhitze vorheizen. Die Form mit Butter einfetten.

3. Ein Drittel des Teigs auf einer leicht bemehlten Arbeitsfläche dünn ausrollen. Einen 4 cm breiten Teigrand zuschneiden, zu einer Rolle einrollen und kalt legen. Den restlichen Teig gleichmäßig auf dem gefetteten Springformboden mit einer Teigrolle ausrollen, überstehenden Teig entfernen. Den Teig mit einer Gabel einstechen und mit dem Springformrand umlegen. Im vorgeheizten Backofen auf dem Rost auf mittlerer Schiene ca. 15 Minuten anbacken.

4. Anschließend etwas abkühlen lassen. Den Springformrand gut mit Butter einfetten, den Mürbeteigrand einlegen und leicht andrücken. Den Kuchenboden mit den Bröseln bestreuen und die Früchte fächerförmig in die Form einlegen. Im vorgeheizten Backofen auf dem Rost auf mittlerer Schiene ca. 30-35 Minuten backen. Zucker und Zimt mischen und den Kuchen nach dem Backen damit bestreuen. Dann auf einem Kuchengitter kurz stehen lassen, aus der Form lösen und vollständig auskühlen lassen.
Den Tortenguss nach Packungsanleitung anrühren und den Zwetschgenkuchen damit abglänzen.

Den Kuchen am besten mit
einem Klecks frischer
handgeschlagener
Sahne servieren.

Kirschkuchen

mit Kardamomstreuseln

verwendete Form:
1 Springform (Ø 26 cm)

Mürbeteig
110 g zimmerwarme Butter
80 g Puderzucker
1 TL Bourbonvanillezucker
½ TL Zitronenabrieb
1 Prise Salz
1 Ei (Größe M)
200 g gesiebtes Mehl
25 g gemahlene Mandeln

Streusel
100 g zimmerwarme Butter
100 g Kristallzucker
150 g Mehl
50 g gemahlene Mandeln
1 Prise Salz
2 Prisen Kardamom

Kirschfüllung
2 Gläser Schattenmorellen (à 720 ml)
60 g Speisestärke
150 g Kristallzucker
1 Spritzer Zitronensaft

außerdem
Butter zum Einfetten
Mehl zum Bearbeiten

1. Aus den angegebenen Zutaten wie in der Backschule ausführlich beschrieben (siehe Seite 23) einen glatten Mürbeteig kneten. Eine Kugel formen, in Frischhaltefolie einwickeln und mindestens 1 Stunde kalt legen.

2. Für die Streusel sämtliche Zutaten mit den Händen, einem Handrührgerät oder einer Küchenmaschine miteinander verkneten, zu Streuseln zerbröseln und kalt stellen.

3. Den Backofen auf 180 °C Ober- und Unterhitze vorheizen. Die Form mit Butter einfetten.

4. Schattenmorellen auf einem Sieb abtropfen lassen, den Saft dabei auffangen und 450 g davon abmessen. Speisestärke mit Zucker mischen und mit etwas Kirschsaft anrühren. Den restlichen Kirschsaft aufkochen, Speisestärken-Ansatz mit einem Schneebesen einrühren und unter ständigem Rühren kochen, bis der Guss klar ist. Von der Kochstelle nehmen, die Kirschen mit einem Teigschaber unterheben und mit Zitronensaft abschmecken.

5. Ein Drittel des Teigs auf einer leicht bemehlten Arbeitsfläche dünn ausrollen. Einen 3 cm breiten Teigrand zuschneiden, zu einer Rolle einrollen und kalt legen. Den restlichen Teig gleichmäßig auf dem gefetteten Springformboden mit einer Teigrolle ausrollen, überstehenden Teig entfernen. Mit einer Gabel einstechen und mit dem Springformrand umlegen. Im vorgeheizten Backofen auf dem Rost auf mittlerer Schiene ca. 15 Minuten anbacken. Herausnehmen und leicht abkühlen lassen.

6. Den Springformrand mit Butter einfetten, den Teigrand einlegen und leicht andrücken. Die gebundenen Schattenmorellen in die Form füllen und gleichmäßig bis an den Rand verteilen. Mit den Kardamomstreuseln belegen und auf dem Rost auf mittlerer Schiene ca. 35–40 Minuten backen. Anschließend auf einem Kuchengitter kurz stehen lassen, aus der Form lösen und vollständig auskühlen lassen.

Pfirsichtörtchen

Rezept für 12 Stück

verwendete Formen:
10 Tartelette-Förmchen (Ø 7 cm)

Mürbeteig
125 g zimmerwarme Butter
50 g Kristallzucker
1 TL Bourbonvanillezucker
½ TL Zitronenabrieb
1 Prise Salz
1 Ei (Größe M)
250 g gesiebtes Mehl

Mandelfüllung
80 g Puderzucker
20 g Mehl
100 g gemahlene Mandeln
100 g zimmerwarme Butter
1 TL Bourbonvanillezucker
1 TL Zitronenabrieb
2 Eier (Größe M)
nach Belieben 20 g Rum

Belag
5 mittelgroße Pfirsiche
(alternativ 1 Dose Pfirsiche; 850 ml)
1 Päckchen klarer Tortenguss
25 g geröstete Pinienkerne

außerdem
Butter zum Einfetten
Mehl zum Bearbeiten
nach Belieben Malvenblüten

1. Aus den angegebenen Zutaten wie in der Backschule ausführlich beschrieben (siehe Seite 23) einen Mürbeteig kneten. Eine Kugel formen, in Frischhaltefolie einwickeln und mindestens 1 Stunde kalt legen.

2. Den Backofen auf 180 °C Ober- und Unterhitze vorheizen. Die Förmchen mit Butter einfetten.

3. Für die Füllung Puderzucker sowie Mehl sieben und mit den Mandeln mischen. Butter, Vanillezucker, Zitronenabrieb und Eier mit einem Handrührgerät verrühren. Mehl-Mandelmischung unterrühren und je nach Belieben Rum zugeben.

4. Den Teig für die Törtchen auf einer leicht bemehlten Arbeitsfläche mit einer Teigrolle dünn ausrollen und 12 kleine Böden à ca. 8 cm Durchmesser ausstechen. Den restlichen Teig zusammendrücken, in Folie einwickeln und einfrieren. Die Förmchen mit den Teigböden auslegen. Die Mandelmasse mit einem Spritzbeutel darauf verteilen und im vorgeheizten Backofen auf dem Rost auf mittlerer Schiene ca. 25 Minuten backen. Anschließend auf einem Kuchengitter kurz stehen lassen, aus den Förmchen lösen und vollständig auskühlen lassen.

5. Den Tortenguss nach Packungsanleitung anrühren. Die Früchte gegebenenfalls waschen, entsteinen und in dünne Spalten schneiden. Sobald die Törtchen ausgekühlt sind, mit den Früchten fächerförmig belegen. Mit Tortenguss abglänzen und mit den Pinienkernen und den Malvenblüten dekorieren.

Kirsch-Nuss-Kuchen

verwendete Form:
1 Springform (Ø 26 cm)

Rührteig
1 Glas Schattenmorellen (720 ml)
5 Eier (Größe M)
100 g Kristallzucker
1 Prise Salz
125 g zimmerwarme Butter
100 g Marzipanrohmasse
1 TL Bourbonvanillezucker
2 Prisen Zimt
1 TL Zitronenabrieb
20 g Saftstopp
50 g Mehl
5 g Backpulver
75 g Biskuitbrösel (alternativ Zwieback- oder Butterkeksbrösel)
50 g gemahlene Haselnüsse

außerdem
Butter zum Einfetten
40 g fein gehackte Zwieback- oder Butterkeksbrösel
Puderzucker zum Bestäuben

1. Den Backofen auf 180 °C Ober- und Unterhitze vorheizen. Die Form mit Butter einfetten und mit ca. 20 g Bröseln ausstreuen, überschüssige Brösel abklopfen.

2. Schattenmorellen in ein Sieb geben und gut abtropfen lassen. Die Eier trennen. Das Eiweiß mit Zucker und Salz mit einem Handrührgerät zu Schnee schlagen. Butter, Marzipanrohmasse, Eigelbe und Vanillezucker mit Zimt und Zitronenabrieb schaumig schlagen.

3. Maximal ein Drittel des Eischnees mit einem Teigschaber zügig unter die Buttermasse rühren. Mehl und Backpulver sieben und mit Biskuitbröseln und Haselnüssen mischen. Abwechselnd mit dem restlichen Eischnee unterheben. Die Kirschen mit dem Saftstopp und 20 g Bröseln mischen und zum Schluss unterheben. Dann zügig in die vorbereitete Form füllen, glatt streichen und im vorgeheizten Backofen auf dem Rost auf mittlerer Schiene ca. 60 Minuten backen.

4. Den Kuchen auf einem Kuchengitter kurz stehen lassen, aus der Form lösen und vollständig auskühlen lassen. Mit Puderzucker bestäuben.

Erdbeersahne

verwendete Form:
1 Springform (Ø 26 cm)

Biskuitteig
6 Eier (Größe M)
150 g Kristallzucker
160 g Mehl
40 g flüssige Butter

Erdbeersahne
3 Blatt rote Gelatine
3 Blatt weiße Gelatine
500 g Erdbeeren
100 g Puderzucker
2 EL Zitronensaft
500 g Sahne

Dekoration
50 g geröstete gehobelte Mandeln

außerdem
Butter zum Einfetten

1. Den Backofen auf 180 °C Ober- und Unterhitze vorheizen. Die Form mit Butter einfetten, den Springformboden mit Backpapier auslegen, einen Backpapierstreifen passend für den Rand zuschneiden und diesen damit auslegen.

2. Eier und Zucker in einer Schüssel über einem Wasserbad mit einem Handrührgerät cremig aufschlagen, anschließend kalt schlagen. Mehl dazusieben und mit einem Teigschaber vorsichtig unterheben. Zum Schluss die flüssige Butter unterrühren. Die Biskuitmasse in die vorbereitete Form füllen, glatt streichen und im vorgeheizten Backofen auf dem Rost auf mittlerer Schiene ca. 25 Minuten backen.

3. Gelatine in kaltem Wasser einweichen. Erdbeeren waschen und 6 schöne für die Dekoration beiseitelegen. Von den restlichen Erdbeeren 300 g abwiegen, putzen, klein schneiden und mit einem Mixer pürieren. Das Fruchtpüree durch ein Sieb in eine größere Schüssel streichen, mit Puderzucker verrühren und mit Zitronensaft abschmecken.

4. Den Biskuit auf einem Kuchengitter kurz stehen lassen, aus der Form lösen, stürzen, das Backpapier abziehen und vollständig auskühlen lassen. Anschließend den Boden waagerecht halbieren. Einen Boden für die Erdbeersahne mit dem Springformrand oder einem Tortenring umlegen, den anderen einfrieren.

5. Die Sahne mit einem Handrührgerät aufschlagen. Ausgedrückte Gelatine mit etwas Erdbeerpüree in einem kleinen Topf erwärmen, darin auflösen und zu dem restlichen Püree geben. Maximal ein Drittel der geschlagenen Sahne mit einem Schneebesen zügig unterrühren und den Rest unterheben. Die Erdbeersahne rasch hineinfüllen, glatt streichen und mindestens 2 Stunden kalt stellen.

6. Anschließend den Kuchen aus der Form lösen und den Rand mit den Mandelblättchen verzieren. Für die Dekoration die restlichen Erdbeeren halbieren und damit verzieren.

Himbeerkuchen

verwendete Form:
1 Springform (Ø 26 cm)

Biskuitteig
3 Eier (Größe M)
75 g Kristallzucker
1 Prise Salz
40 g Mehl
35 g Speisestärke
30 g flüssige Butter

Vanillepudding
½ Vanilleschote
20 g Speisestärke
250 g Milch
1 Eigelb (Größe M)
40 g Kristallzucker

Belag
750 g frische oder tiefgekühlte Himbeeren
1 Päckchen klarer Tortenguss (bei tiefgekühlten Früchten 2 Päckchen Tortenguss verwenden)

außerdem
Butter zum Einfetten
50 g geröstete gehobelte Mandeln

1. Den Backofen auf 180 °C Ober- und Unterhitze vorheizen. Die Form mit Butter einfetten, den Springformboden mit Backpapier auslegen, einen Backpapierstreifen passend für den Rand zuschneiden und diesen damit auslegen.

2. Eier und Zucker mit Salz in einer Schüssel über einem Wasserbad mit einem Handrührgerät cremig aufschlagen, anschließend kalt schlagen. Mehl mit Speisestärke mischen, dazusieben und mit einem Teigschaber unterheben. Zum Schluss die flüssige Butter vorsichtig untermengen. Die Biskuitmasse in die vorbereitete Springform füllen, glatt streichen und im vorgeheizten Backofen auf dem Rost auf mittlerer Schiene ca. 25 Minuten backen.

3. Vanilleschote aufschneiden und das Mark herauskratzen. Speisestärke mit etwas kalter Milch anrühren, Eigelb zugeben und glatt verrühren. Die restliche Milch, Zucker und Vanillemark aufkochen, den Speisestärken-Ansatz mit einem Schneebesen einrühren und unter ständigem Rühren zu einem Pudding kochen. In zwei kleine Schüsseln füllen und mit Frischhaltefolie abdecken. Eine davon ist für den Kuchen, die andere kann mit Früchten zum Nachtisch gereicht werden.

4. Den Biskuit auf einem Kuchengitter etwas stehen lassen, aus der Form lösen, stürzen, das Backpapier abziehen und den Kuchen vollständig auskühlen lassen. Die Himbeeren verlesen, falls nötig vorsichtig waschen und auf Küchenkrepp abtropfen lassen.

5. Den Biskuitboden auf eine Platte setzen und mit dem Vanillepudding bestreichen, etwas davon für den Rand aufbewahren. Tortenguss nach Packungsanleitung anrühren. Den Biskuit mit den Früchten leicht kuppelförmig belegen und mit Tortenguss abglänzen. Restlichen Pudding am Rand verstreichen und mit den Mandeln dekorieren.

Heidelbeerbaiser

verwendete Form:
1 Springform (Ø 26 cm)

Mürbeteig
100 g zimmerwarme Butter
50 g Kristallzucker
1 TL Bourbonvanillezucker
1 TL Zitronenabrieb
1 Prise Salz
1 Ei (Größe M)
110 g gesiebtes Mehl
25 g gemahlene Haselnüsse

Fruchtfüllung
2 EL rote Konfitüre
80 g Biskuitbrösel
(alternativ Zwieback- oder
Butterkeksbrösel)
300 g tiefgekühlte Heidelbeeren
10 g Saftstopp
1 Päckchen klarer Tortenguss

Baiser
3 Eiweiß (Größe M)
90 g Kristallzucker

außerdem
Butter zum Einfetten
Backerbsen zum Blindbacken

1. Aus den angegebenen Zutaten wie in der Backschule ausführlich beschrieben (siehe Seite 23) einen glatten Mürbeteig kneten. Zu einer Kugel formen, in Frischhaltefolie einwickeln und mindestens 1 Stunde kalt legen.

2. Den Backofen auf 180 °C Ober- und Unterhitze vorheizen. Die Springform mit Butter einfetten.

3. Ein Drittel des Teigs zunächst auf einer leicht bemehlten Arbeitsfläche mit einer Teigrolle dünn ausrollen, einen 3 cm breiten Rand ausschneiden, diesen wie eine Schnecke aufrollen und kalt legen. Den restlichen Teig auf dem gefetteten Springformboden gleichmäßig ausrollen, überstehenden Teig dabei entfernen. Den Springformrand um den Boden legen, den Rand einlegen und leicht andrücken. Den Teig mit einem Backpapier abdecken und mit Backerbsen bedecken. Im vorgeheizten Backofen auf dem Rost auf mittlerer Schiene ca. 15 Minuten blindbacken.

4. Die Backerbsen und das Backpapier entfernen und den Boden weitere ca. 8-9 Minuten backen. Anschließend den Teigboden etwas auskühlen lassen, mit Konfitüre bestreichen und mit den Bröseln bestreuen. Die tiefgekühlten Heidelbeeren mit dem Saftstopp vermischen. Den Tortenguss nach Packungsanleitung anrühren. Die Heidelbeeren auf dem Boden verteilen und mit dem Guss abglänzen.

5. Für das Baiser Eiweiß mit 30 g Zucker mit einem Handrührgerät anschlagen, den restlichen Zucker nach und nach zugeben und zu festem Schnee schlagen. Die Baisermasse auf dem Kuchen unregelmäßig verstreichen. Den Kuchen nochmals ca. 4–5 Minuten backen, sodass er Farbe annimmt.

Brombeertörtchen

Rezept für 10 Stück

verwendete Formen:
10 Schiffchen-Formen (10 cm)
oder andere Förmchen

Mürbeteig
125 g zimmerwarme Butter
60 g Kristallzucker
1 Prise Salz
1 Ei (Größe M)
250 g gesiebtes Mehl

Sahnefüllung
2 Blatt Gelatine
65 g Brombeerkonfitüre
65 g Kristallzucker
Saft von 1 Zitrone
250 g Sahne

Belag
500 g frische oder tiefgekühlte Brombeeren

außerdem
Mehl zum Bearbeiten
eventuell 1 Päckchen klarer Tortenguss
Puderzucker zum Bestäuben
10 Minzeblättchen

1. Aus den angegebenen Zutaten wie in der Backschule ausführlich beschrieben (siehe Seite 23) einen glatten Mürbeteig kneten. Zu einer Kugel formen, in Frischhaltefolie wickeln und mindestens 1 Stunde kalt legen.

2. Den Backofen auf 180 °C Ober- und Unterhitze vorheizen. Den Mürbeteig auf einer leicht bemehlten Arbeitsfläche mit einer Teigrolle ausrollen und insgesamt 10 Böden passend für die Form ausstechen. Den restlichen Teig wieder verkneten und einfrieren. Die Förmchen mit den Teigböden auslegen, mit einer Gabel einstechen und auf dem Rost auf der mittleren Schiene ca. 15 Minuten backen. Anschließend auf einem Kuchengitter auskühlen lassen und aus der Form lösen.

3. Gelatine in kaltem Wasser einweichen. Brombeerkonfitüre und Zucker mischen. Die Sahne mit einem Handrührgerät aufschlagen. Die ausgedrückte Gelatine in einem kleinen Topf erwärmen und auflösen. Zitronensaft unterrühren und zügig unter die Brombeerkonfitüre rühren. Maximal ein Drittel der geschlagenen Sahne mit einem Schneebesen zügig unterrühren, den Rest unterheben. Die Brombeersahne in einen Spritzbeutel mit kleiner Lochtülle füllen und gleichmäßig auf die 10 Böden verteilen.

4. Die frischen Brombeeren verlesen, falls nötig vorsichtig waschen und auf Küchenkrepp abtropfen lassen. Die tiefgekühlten Brombeeren auftauen lassen. Die Törtchen mit den frischen Brombeeren belegen, mit etwas Puderzucker bestäuben und mit Minzeblättchen dekorieren. Bei der Verwendung von tiefgekühlten Brombeeren Tortenguss nach Packungsanleitung anrühren, die Früchte damit abglänzen und wie beschrieben dekorieren.

Waldbeer-Schokoladenmousse-Torte

verwendete Form:
1 Springform (Ø 26 cm)

Schokoladenbiskuit
6 Eier (Größe M)
150 g Kristallzucker
140 g Mehl
20 g Kakaopulver
20 g flüssige Butter

Mousse
150 g Bitterkuvertüre
(60 % Kakaoanteil)
400 g Sahne
50 g Puderzucker
50 g Milch
1 Ei (Größe M)
1 Eigelb (Größe M)

Belag
450 g frische oder
tiefgekühlte Beerenmischung
(Johannisbeeren, Himbeeren,
Brombeeren)
1 Päckchen klarer Tortenguss
(bei tiefgekühlten Früchten
2 Päckchen Guss verwenden)

außerdem
Butter zum Einfetten
100 g Schokoladenraspel

1. Den Backofen auf 180 °C Ober- und Unterhitze vorheizen. Die Springform mit Butter einfetten, den Springformboden mit Backpapier auslegen, einen Backpapierstreifen passend für den Rand zuschneiden und diesen damit auslegen.

2. Eier und Zucker in einer Schüssel über einem Wasserbad mit einem Handrührgerät cremig aufschlagen, anschließend kalt schlagen. Mehl und Kakaopulver mischen, zur Eimasse sieben und mit einem Teigschaber unterheben. Zum Schluss die Butter unterrühren. Die Biskuitmasse in die Springform füllen, glatt streichen und im vorgeheizten Backofen auf dem Rost auf mittlerer Schiene ca. 25 Minuten backen. Den Boden auf einem Kuchengitter etwas stehen lassen, aus der Form lösen stürzen, Backpapier abziehen und vollständig auskühlen lassen. Anschließend zweimal waagerecht durchschneiden.

3. Die Kuvertüre in einer Schüssel über einem Wasserbad schmelzen. Sahne leicht aufschlagen und kalt stellen. Milch mit dem Puderzucker aufkochen, Ei und Eigelb mit einem Schneebesen einrühren und unter ständigem Rühren zu einer Creme kochen. Anschließend mit einem Handrührgerät oder einer Küchenmaschine kalt schlagen. Mit der flüssigen Kuvertüre verrühren. Maximal ein Drittel der geschlagenen Sahne mit einem Schneebesen zügig unterrühren, den Rest behutsam unterheben.

4. Einen Biskuitboden auf eine Platte legen. Ein Drittel der Schokoladenmousse darauf verstreichen, den zweiten Boden auflegen, wiederum ein Drittel der Mousse darauf verstreichen. Den dritten Boden auflegen und die Torte oben und am Rand mit der restlichen Mousse glatt einstreichen. Anschließend mindestens 1 Stunde kalt stellen.

5. Die Beeren verlesen, putzen, falls nötig vorsichtig waschen und auf Küchenkrepp abtropfen lassen. Tortenguss nach Packungsanleitung anrühren. Die Torte mit den frischen bzw. den tiefgekühlten Beerenfrüchten belegen und mit Tortenguss abglänzen.

Apfelrahmkuchen

verwendete Form: 1 Springform (Ø 26 cm) oder 1 Fettpfanne (hierfür die Zutaten verdoppeln)

Mürbeteig
100 g zimmerwarme Butter
100 g Puderzucker
1 Prise Salz
1 Ei (Größe M)
250 g gesiebtes Mehl

Belag
25 g Speisestärke
20 g Kristallzucker
2 TL Bourbonvanillezucker
1 Prise Salz
250 g Sahne
1 Ei (Größe M)
500 g Äpfel (z. B. Jonagold)
Saft von 1 Zitrone
50 g Rosinen
25 g Mandelstifte

außerdem
Butter zum Einfetten
Mehl zum Bearbeiten
60 g fein gemahlene Zwieback- oder Butterkeksbrösel

1. Aus den angegebenen Zutaten wie in der Backschule ausführlich beschrieben (siehe Seite 23) einen glatten Mürbeteig kneten. Den Teig zu einer Kugel formen, in Frischhaltefolie wickeln und mindestens 1 Stunde kalt legen.

2. Speisestärke, Zucker, Vanillezucker und Salz trocken miteinander vermischen. Mit der Sahne mit einem Schneebesen glatt rühren, das Ei unterrühren und beiseitestellen.

3. Den Backofen auf 180 °C Ober- und Unterhitze vorheizen. Die Form mit Butter einfetten.
Die Äpfel schälen, Kerngehäuse entfernen und in dünne Spalten schneiden. Mit Zitronensaft beträufeln, damit sie nicht braun werden.

4. Ein Drittel des Teigs auf einer leicht bemehlten Arbeitsfläche mit einer Teigrolle dünn ausrollen. Einen 3 cm breiten Rand zuschneiden, zu einer Schnecke aufrollen und kalt stellen.
Den restlichen Teig gleichmäßig auf dem gefetteten Springformboden ausrollen, überstehenden Teig entfernen. Mit einer Gabel einstechen und mit dem Springformrand umlegen.
Im vorgeheizten Backofen auf dem Rost auf mittlerer Schiene ca. 15 Minuten anbacken.

5. Die Springform herausnehmen und leicht abkühlen lassen. Den Springformrand mit Butter einfetten, den Teigrand einlegen und leicht andrücken. Den Boden mit Bröseln bestreuen. Die Äpfel einschichten, mit Rosinen bestreuen und den Guss darüber gleichmäßig verteilen.

6. Den Kuchen im vorgeheizten Backofen auf dem Rost auf mittlerer Schiene ca. 1 Stunde backen, die Mandelstifte darüber streuen und weitere 10-15 Minuten backen. Falls der Kuchen gegen Ende der Backzeit zu dunkel wird, mit einem Bogen Backpapier abdecken. Anschließend auf einem Kuchengitter etwas stehen lassen, aus der Form lösen und vollständig auskühlen lassen.

Apfelstreusel

verwendete Form:
1 Springform (Ø 26 cm)

Mürbeteig
100 g zimmerwarme Butter
50 g Kristallzucker
1 TL Bourbonvanillezucker
¼ TL Zitronenabrieb
1 Prise Salz
1 Ei (Größe M)
150 g gesiebtes Mehl

Zimtstreusel
75 g zimmerwarme Butter
75 g Kristallzucker
120 g Mehl
30 g gemahlene Mandeln
1 Prise Salz
2 Prisen Zimt
½ TL Zitronenabrieb

Belag
5 Äpfel (z. B. Golden Delicious)
Saft von 1 Zitrone
2 EL Konfitüre
40 g gemahlene Zwieback- oder Butterkeksbrösel
1 Glas Apfelkompott (365 g)

außerdem
Butter zum Einfetten
Mehl zum Bearbeiten

1. Aus den angegebenen Zutaten wie in der Backschule ausführlich beschrieben (siehe Seite 23) einen glatten Mürbeteig kneten. Den Teig zu einer Kugel formen, in Frischhaltefolie wickeln und mindestens 1 Stunde kalt legen.

2. Für die Streusel sämtliche Zutaten mit den Händen, einem Handrührgerät oder einer Küchenmaschine miteinander verkneten, zu Streuseln zerbröseln und kalt stellen.

3. Den Backofen auf 180 °C Ober- und Unterhitze vorheizen. Die Form mit Butter einfetten.
Äpfel schälen, Kerngehäuse entfernen, in Spalten schneiden und mit Zitronensaft beträufeln, damit sie nicht braun werden.

4. Ein Drittel des Teigs auf einer leicht bemehlten Arbeitsfläche mit einer Teigrolle dünn ausrollen. Einen 3 cm breiten Rand zuschneiden, zu einer Schnecke aufrollen und kalt legen. Den restlichen Teig gleichmäßig auf dem gefetteten Springformboden ausrollen, überstehenden Teig entfernen. Mit einer Gabel einstechen und mit dem Springformrand umlegen. Im vorgeheizten Backofen auf dem Rost auf mittlerer Schiene ca. 15 Minuten anbacken.

5. Die Springform herausnehmen und leicht abkühlen lassen. Den Springformrand mit Butter einfetten, den Teigrand einlegen und leicht andrücken. Den Boden mit Konfitüre bestreichen, mit Bröseln bestreuen und das Apfelkompott darauf verteilen. Die Apfelspalten einlegen und mit den Zimtstreuseln bedecken. Im vorgeheizten Backofen auf dem Rost auf mittlerer Schiene ca. 35 Minuten backen. Anschließend kurz stehen lassen, aus der Form lösen und vollständig auskühlen lassen.

Gedeckter Apfelkuchen

verwendete Form:
1 Backblech mit Backrahmen
oder 1 Fettpfanne

Teig
300 g zimmerwarme Butter
200 g Kristallzucker
2 TL Bourbonvanillezucker
½ TL Zitronenabrieb
2 Eier (Größe M)
4 EL Milch
600 g gesiebtes Mehl
10 g Backpulver

Belag
8 Äpfel (z. B. Boskop)
Saft von 1 Zitrone

außerdem
Butter zum Einfetten
Mehl zum Bearbeiten
1 Ei zum Bestreichen

1. Aus den angegebenen Zutaten mit einem Handrührgerät oder einer Küchenmaschine einen glatten Teig kneten. Zu einer Kugel formen, in Frischhaltefolie wickeln und mindestens 1 Stunde kalt legen.

2. Den Backofen auf 180 °C Ober- und Unterhitze vorheizen. Das Backblech und den Backrahmen bzw. die Fettpfanne mit Butter einfetten und mit Mehl bestäuben, überschüssiges Mehl dabei abklopfen.
Äpfel schälen, Kerngehäuse entfernen, in Achtel schneiden und mit Zitronensaft beträufeln, damit sie nicht braun werden.

3. Zwei Drittel des Teigs auf einer leicht bemehlten Arbeitsfläche in Blechgröße mit einer Teigrolle ausrollen, auf das vorbereite Blech geben und glatt drücken. Je nach verwendeter Form mit dem Backrahmen umstellen. Den restlichen Teig nochmals kurz kalt legen. Die Apfelspalten nicht ganz bis zum Rand auf dem Teig verteilen.

4. Den restlichen Teig ebenfalls auf der leicht bemehlten Arbeitsfläche mit einer Teigrolle ausrollen, auf die Äpfel legen und leicht andrücken. Den Kuchen mit dem verquirlten Ei bestreichen und mit einer Gabel einstechen. Im vorgeheizten Backofen auf mittlerer Schiene ca. 35 Minuten backen. Anschließend auf einem Kuchengitter auskühlen lassen und aus der Form lösen.

Apfel-Florentiner-Kuchen

verwendete Form:
1 Springform (Ø 26 cm)

Mürbeteig
100 g zimmerwarme Butter
50 g Kristallzucker
1 Prise Salz
¼ TL Zitronenabrieb
1 Ei (Größe M)
150 g gesiebtes Mehl

Biskuitboden
1 Biskuitboden
(siehe Seite 56)

Füllung
200 g Vanillecreme
(siehe Seite 81)
700 g Äpfel (z.B. Boskop)
10 g Saftstopp
50 g Rosinen
2 EL Aprikosenkonfitüre

Florentinermasse
50 g zimmerwarme Butter
50 g Kristallzucker
1 EL Honig
70 g Sahne
65 g gehobelte Mandeln

außerdem
Butter zum Einfetten
Mehl zum Bearbeiten

1. Aus den angegebenen Zutaten wie in der Backschule ausführlich beschrieben (siehe Seite 23) einen glatten Mürbeteig kneten. Zu einer Kugel formen, in Frischhaltefolie wickeln und mindestens 1 Stunde kalt legen.

2. Den Biskuitboden wie im Rezept beschrieben zubereiten und je nach Höhe des Bodens ein- oder zweimal durchschneiden. Falls sich drei Böden ergeben, einen davon einfrieren.

3. Den Backofen auf 180 °C Ober- und Unterhitze vorheizen. Die Form mit Butter einfetten. Die Vanillecreme wie im Rezept beschrieben zubereiten und 200 g davon abnehmen. Die Äpfel schälen, das Kerngehäuse entfernen, grob reiben und mit dem Saftstopp mischen. Vanillecreme und Rosinen unter die Äpfel geben.

4. Ein Drittel des Teigs auf einer leicht bemehlten Arbeitsfläche mit einer Teigrolle dünn ausrollen. Einen 3 cm breiten Rand zuschneiden, zu einer Schnecke aufrollen und kalt legen. Den restlichen Teig gleichmäßig auf dem gefetteten Springformboden ausrollen, überstehenden Teig entfernen. Mit einer Gabel einstechen und mit dem Springformrand umlegen. Im vorgeheizten Backofen auf dem Rost auf mittlerer Schiene ca. 15 Minuten anbacken.

5. In der Zwischenzeit die Zutaten für die Florentinermasse, bis auf die Mandeln, aufkochen und etwas einkochen. Die Masse ist fertig, wenn ein Tropfen zwischen Daumen und Zeigefinger Fäden zieht (Fadenprobe). Den Topf vom Herd nehmen, die Mandeln unterheben und auf einen der dünnen Biskuitboden streichen.

6. Die Springform herausnehmen und leicht abkühlen lassen. Den Springformrand mit Butter einfetten, den Teigrand einlegen und leicht andrücken. Den Boden mit Konfitüre bestreichen, mit dem ersten Biskuitboden belegen und leicht andrücken. Die Apfelfüllung darauf verteilen, glatt streichen und den zweiten Biskuitboden mit der Florentinermasse bedecken.

7. Den Kuchen im vorgeheizten Backofen auf dem Rost auf mittlerer Schiene weitere 35 Minuten backen. Eventuell nach 25 Minuten mit Backpapier abdecken, damit die Mandelschicht nicht zu dunkel wird. Anschließend auf einem Kuchengitter etwas stehen lassen, aus der Form lösen und vollständig auskühlen lassen.

Die übrige Vanillecreme kann als Dessert mit frischen Früchten serviert werden.

Apfeltarte

verwendete Form:
1 Tarteform (Ø 28 cm)

Teigboden
200 g Blätterteig
(Grundrezept; siehe Seite 35)

Mandelcreme
30 g zimmerwarme Butter
50 g Puderzucker
1 Ei (Größe M)
50 g gemahlene Mandeln

Belag
2 mittelgroße Äpfel
(z.B. Roter Boskop)
Saft von ½ Zitrone
1 EL Kristallzucker
1 Päckchen klarer Tortenguss

außerdem
Butter zum Einfetten
Mehl zum Bearbeiten

1. Den Blätterteig wie in der Backschule ausführlich beschrieben zubereiten. 200 g Teig abwiegen, den restlichen Teig einfrieren oder die entsprechende Menge auftauen.

2. Den Backofen bei 185 °C Ober- und Unterhitze vorheizen. Die Tarteform mit Butter einfetten. Den Blätterteig auf einer leicht bemehlten Arbeitsfläche mit einer Teigrolle dünn ausrollen und in die Tarteform einlegen. Den Teigboden mit einer Gabel einstechen.

3. Für die Mandelcreme Butter, Puderzucker, Ei und gemahlene Mandeln mit einem Handrührgerät verrühren und den Blätterteigboden damit bestreichen.

4. Die Äpfel schälen und das Kerngehäuse entfernen. In dünne Spalten schneiden und mit Zitronensaft beträufeln, damit sie nicht braun werden. Die Spalten fächerförmig auf den Blätterteig legen.

5. Die Apfeltarte im vorgeheizten Backofen auf dem Rost auf einer der unteren Schienen ca. 30 Minuten backen. 10 Minuten vor Ende der Backzeit mit dem Kristallzucker bestreuen und fertig backen. Anschließend auf einem Kuchengitter leicht abkühlen lassen.

6. Den Tortenguss nach Packungsanleitung anrühren und die Äpfel mit dem Guss abglänzen.

Sie können die Tarte auch mit 2 cl Calvados flambieren. Hierfür die Tarte nicht abglänzen. Den Calvados über die Äpfel geben und mit einem Streichholz anzünden. Wenn der Alkohol verbrannt ist, erlischt die Flamme und man kann die Tarte direkt mit einer Kugel Vanilleeis servieren.

Vanillekipferl

Rezept für 40 Stück

verwendete Formen:
2 Backbleche

Mürbeteig
100 g zimmerwarme Butter
60 g Puderzucker
1 TL Bourbonvanillezucker
½ TL Zitronenabrieb
1 Prise Salz
1 Eigelb (Größe M)
140 g gesiebtes Mehl
50 g gemahlene Haselnüsse

außerdem
Mehl zum Bearbeiten
Puderzucker zum Bestäuben

1. Aus den angegebenen Zutaten wie in der Backschule ausführlich beschrieben (siehe Seite 23) einen glatten Mürbeteig kneten. Den Teig zu einer Kugel formen, in Frischhaltefolie einwickeln und mindestens 1 Stunde kalt legen.

2. Den Backofen auf 175 °C Ober- und Unterhitze vorheizen. Die Backbleche mit Backpapier belegen.

3. Den Teig auf einer leicht bemehlten Arbeitsfläche in kleine Stangen rollen und gleichmäßige Stücke abstechen. Diese erst zu einer Kugel rollen, anschließend kleine Röllchen formen, die nach außen spitz zulaufen.

4. Die Vanillekipferl c-förmig auf die vorbereiteten Bleche legen und nacheinander im vorgeheizten Backofen auf mittlerer Schiene ca. 6–7 Minuten backen, bis die Spitzen leicht braun sind. Anschließend die Plätzchen mit dem Backpapier auf Kuchengitter ziehen, noch heiß mit Puderzucker bestäuben und auskühlen lassen.

Die Vanillekipferl halten sich in einer gut verschließbaren Dose ca. 3–4 Wochen.

Sandgebäck

Rezept für ca. 50 Stück

verwendete Formen:
2 Backbleche

Teig
100 g Mehl
40 g Speisestärke
100 g zimmerwarme Butter
40 g Puderzucker
¼ TL Zitronenabrieb
1 Prise Salz
1 TL Bourbonvanillezucker
2 Eigelb (Größe M)

1. Den Backofen auf 175 °C Ober- und Unterhitze vorheizen. Die Backbleche mit Backpapier auslegen.

2. Mehl und Speisestärke sieben. Die Butter mit Puderzucker, Zitronenabrieb und Salz leicht mit einem Handrührgerät oder einer Küchenmaschine schaumig schlagen. Die Eigelbe unterrühren und die Mehlmischung unterkneten, sodass ein glatter Teig entsteht.

3. Eine kleine Menge des Teigs in einen Spritzbeutel mit Sterntülle füllen und die Plätzchen in gewünschter Form auf die vorbereiteten Bleche spritzen. Zwischen den einzelnen Plätzchen ca. 2–3 cm Abstand halten

4. Die Bleche nacheinander im vorgeheizten Backofen auf mittlerer Schiene ca. 9–10 Minuten, je nach Gebäckgröße, backen. Anschließend die Plätzchen mit dem Backpapier auf Kuchengitter ziehen und auskühlen lassen.

Nach Belieben das Sandgebäck noch in Bitterkuvertüre tauchen. Wie man Bitterkuvertüre richtig temperiert, wird auf Seite 75 genau beschrieben.

Ochsenaugen
Schokoladen-
Heidesand
Nussecken

Nussecken

Rezept für ca. 60 Stück

verwendete Formen:
2 Backbleche

Mürbeteig
140 g zimmerwarme Butter
80 g Puderzucker
1 TL Bourbonvanillezucker
¼ TL Zitronenabrieb
1 Eigelb (Größe M)
220 g gesiebtes Mehl
60 g gehackte Haselnüsse

außerdem
Mehl zum Bearbeiten

1. Aus den angegebenen Zutaten wie in der Backschule ausführlich beschrieben (siehe Seite 23) einen glatten Mürbeteig kneten. Den Teig auf einer leicht bemehlten zu einer quadratischen Stange von 4 × 4 cm formen, in Frischhaltefolie wickeln und mindestens 1 Stunde kalt legen.

2. Den Backofen auf 175 °C Ober- und Unterhitze vorheizen. Die Backbleche mit Backpapier auslegen.

3. Den Teig in ca. 0,5 cm dicke Scheiben aufschneiden und die Scheiben diagonal halbieren, sodass Dreiecke entstehen und auf die Backbleche verteilen.

4. Die Backbleche nacheinander im vorgeheizten Backofen auf mittlerer Schiene ca. 9 Minuten backen. Anschließend die Plätzchen mit dem Backpapier auf Kuchengitter ziehen und auskühlen lassen.

Die Plätzchen halten sich in einer gut verschließbaren Dose ca. 3–4 Wochen.

Schokoladen-Heidesand

Rezept für ca. 60 Stück

verwendete Formen:
2 Backbleche

Mürbeteig
200 g zimmerwarme Butter
100 g Puderzucker
1 TL Bourbonvanillezucker
1 Prise Salz
1 Eigelb (Größe M)
200 g gesiebtes Mehl
50 g Kakaopulver

außerdem
Mehl zum Bearbeiten
Kristallzucker zum Wenden

1. Aus den angegebenen Zutaten wie in der Backschule ausführlich beschrieben (siehe Seite 23) einen glatten Mürbeteig kneten. Den Teig in 3-4 Portionen aufteilen, auf einer leicht bemehlten Arbeitsfläche zu etwa 2,5 cm dicken Rollen formen. Mindestens 1 Stunde kalt legen.

2. Anschließend mit wenig Wasser bestreichen und im Zucker wenden. Nochmals ca. 15 Minuten kalt stellen.

3. Den Backofen auf 175 °C Ober- und Unterhitze vorheizen. Die Backbleche mit Backpapier auslegen.

4. Die Stangen mit einem Messer in ca. 1 cm dicke Scheiben schneiden und mit etwas Abstand auf die vorbereiteten Bleche legen. Die Bleche nacheinander auf mittlerer Schiene ca. 10 Minuten backen. Anschließend die Plätzchen mit dem Backpapier auf Kuchengitter ziehen und auskühlen lassen.

Die Plätzchen halten sich in einer gut verschließbaren Dose ca. 3–4 Wochen.

Ochsenaugen

Rezept für ca. 40 Stück

verwendete Formen:
2 Backbleche

Mürbeteig
160 g zimmerwarme Butter
80 g Puderzucker
1 TL Bourbonvanillezucker
½ TL Zitronenabrieb
1 Eigelb (Größe M)
200 g gesiebtes Mehl

außerdem
Mehl zum Bearbeiten
Gelee zum Füllen
(z.B. Himbeer-
oder Quittengelee)
Puderzucker zum Bestäuben

1. Aus den angegebenen Zutaten wie in der Backschule ausführlich beschrieben (siehe Seite 23) einen glatten Mürbeteig kneten. Den Teig zu einer Kugel formen, in Frischhaltefolie wickeln und mindestens 1 Stunde kalt legen.

2. Den Backofen auf 175 °C Ober- und Unterhitze vorheizen. Die Backbleche mit Backpapier belegen.

3. Den Teig portionsweise auf einer leicht bemehlten Arbeitsfläche mit einer Teigrolle ca. 4 mm dünn ausrollen. Mit einem runden Plätzchenausstecher Kreise ausstechen und auf die vorbereiteten Bleche legen.

4. Die Bleche nacheinander im vorgeheizten Backofen auf mittlerer Schiene ca. 6–7 Minuten hell ausbacken. Anschließend die Plätzchen mit dem Backpapier auf Kuchengitter ziehen und auskühlen lassen.

5. Das Gelee in einem Topf leicht erwärmen und glatt rühren. In einen Einwegspritzbeutel oder einen Gefrierbeutel füllen und ein kleines Loch einschneiden. Je zwei Plätzchen mit Gelee zusammenfügen und mit Puderzucker bestäuben.

Nach Belieben die Tarte mit Kakaopulver bestäuben oder dezent mit Blattgold dekorieren.

Schokoladentarte

mit Salz und Pfeffer

verwendete Form:
1 Tarte- oder Springform
(Ø 18 cm)

Mürbeteig
75 g zimmerwarme Butter
10 g Kristallzucker
1 Prise Salz
1 Ei (Größe M)
1 EL Wasser
150 g gesiebtes Mehl

Canache
125 g Butter
200 g Bitterkuvertüre
(66 % Kakaoanteil)
15 Rosa Beeren
45 g Kristallzucker
2 Eier (Größe M)
1 Eigelb (Größe M)
1 Msp. Fleur de Sel

außerdem
Butter zum Einfetten
Mehl zum Bearbeiten
Backerbsen zum Blindbacken

1. Aus den angegebenen Zutaten wie in der Backschule beschrieben (siehe Seite 23) einen glatten Mürbeteig kneten. Den Teig zu einer Kugel formen, in Frischhaltefolie wickeln und mindestens 1 Stunde kalt legen.

2. Backofen auf 180 °C Ober- und Unterhitze vorheizen. Die Form mit Butter einfetten.
Den Teig auf einer leicht bemehlten Arbeitsfläche mit einer Teigrolle etwas größer als die Tarteform dünn ausrollen und die Form so damit auslegen, dass der Rand 1,5 cm hoch ist. Mit einer Gabel einstechen. Den Teig mit einem Backpapier abdecken und mit Backerbsen bedecken.

3. Im vorgeheizten Backofen auf dem Rost auf mittlerer Schiene ca. 20 Minuten backen.
Anschließend die Backerbsen und das Backpapier entfernen. Den Boden etwas auskühlen lassen.

4. Für die Canache Butter und Kuvertüre in einer Schüssel über einem Wasserbad schmelzen. Die Rosa Beeren in einem Mörser grob zerstoßen. Zucker und Eier mit dem Eigelb mit einem Handrührgerät schaumig aufschlagen und die geschmolzene Butter-Kuvertüren-Masse unterrühren. Gemörserte Beeren und Fleur de Sel hinzufügen.

5. Alles in die Form geben und glatt streichen. Die Backofentemperatur auf 170 °C Ober- und Unterhitze reduzieren und die Tarte ca. 8 Minuten backen. Anschließend auf einem Kuchengitter auskühlen lassen und aus der Form lösen.

Joghurt-Törtchen

mit confierten Salzorangen

Rezept für 6 Stück

verwendete Formen:
1 Backblech und
6 Dessertringe (Ø 6 cm)

Confierte Salzorangen
(müssen 24 Stunden ziehen)
4 unbehandelte Orangen
1 TL Meersalz
100 g Wasser
200 g Rohzucker aus Zuckerrohr

Pistazien-Biskuitboden
2 Eier (Größe M)
20 g Kristallzucker
1 EL Wasser
1 TL Bourbonvanillezucker
¼ TL Zitronenabrieb
40 g zimmerwarme Marzipanrohmasse
40 g gesiebtes Mehl
20 g flüssige Butter
10 g gehackte Pistazien

Joghurtcreme
3 Blatt Gelatine
225 g Joghurt
75 g Kristallzucker
Saft von ½ Zitrone
2 Tropfen Vanillearoma
100 g Sahne

1. Für die confierten Orangen die Früchte heiß abwaschen, trocken reiben und die Schale mit einem Zestenreißer abziehen oder abreiben. Die Zesten 24 Stunden in etwas Wasser mit Meersalz einlegen.

2. Am nächsten Tag die Zesten abtropfen lassen. 100 g Wasser mit dem Rohzucker aufkochen und die Zesten in den Sirup geben. Die confierten Orangenzesten in ein Einmachglas füllen und auf Vorrat im Kühlschrank aufbewahren. Gekühlt sind sie etwa 3 Monate haltbar und auch zum Verfeinern von Obstsalaten oder Joghurt zu verwenden.

3. Für die Törtchen von einer Orange die Filets aus den Trennhäuten schneiden, mit 2 TL der confierten Orangenzesten marinieren und beiseitestellen.

4. Den Backofen auf 180 °C Ober- und Unterhitze vorheizen. Das Backblech mit Backpapier auslegen, dabei das Backpapier von der kurzen bzw. langen Seite aus ziehharmonikaartig zu einer stabilen Kante falten, sodass das Papier eine Größe von 30 x 30 cm hat. Den Rand der Dessertringe mit zurechtgeschnittenen Backpapierstreifen auslegen.

5. Für den Pistazienboden zunächst die Eier trennen. Eiweiß mit Zucker mit einem Handrührgerät zu Schnee schlagen. Eigelbe mit Wasser, Vanillezucker, Zitronenabrieb und Marzipanrohmasse mit einem Handrührgerät aufschlagen. Die Eigelbmasse mit einem Drittel Eischnee zügig verrühren und den restlichen Eischnee im Wechsel mit dem Mehl mit einem Teigschaber unterheben. Die flüssige Butter behutsam unterrühren. Den Biskuitteig auf dem vorbereiteten Blech verstreichen, mit den Pistazien bestreuen und im vorgeheizten Backofen auf mittlerer Schiene ca. 8 Minuten backen. Den Boden mit dem Backpapier auf Kuchengitter ziehen und auskühlen lassen.

6. Für die Joghurtcreme die Gelatine in kaltem Wasser einweichen. Joghurt, Zucker, Zitronensaft und Vanillearoma miteinander verrühren. Die Sahne mit einem Handrührgerät leicht aufschlagen.

7. Die Gelatine gut ausdrücken, in einem Topf erwärmen, auflösen, mit 2 EL Joghurtcreme verrühren und zügig unter die restliche Joghurtcreme rühren. Maximal ein Drittel der geschlagenen Sahne mit einem Schneebesen zügig unterrühren und den Rest unterheben. Sofort in die Ringe füllen und ca. 1 Stunde kalt stellen.

8. Für die Fertigstellung der Törtchen je einen Pistazienboden in der Größe der Dessertringe ausstechen. Ein Joghurt-Törtchen aus dem Ring lösen und darauf setzen. Anschließend mit den Orangenfilets belegen. Mit den anderen Törtchen genauso verfahren.

Bretonische Butterplätzchen

Rezept für ca. 25 Stück

verwendete Form:
1 Backblech

Mürbeteig
150 g französische, gesalzene Butter
50 g Puderzucker
¼ TL Bourbonvanillezucker
¼ TL Zitronenabrieb
1 Eiweiß (Größe M)
200 g gesiebtes Mehl

außerdem
Mehl zum Bearbeiten

1. Aus den angegebenen Zutaten wie in der Backschule ausführlich beschrieben (siehe Seite 23) einen glatten Mürbeteig kneten. Den Teig zu einer Kugel formen, in Frischhaltefolie wickeln und mindestens 1 Stunde kalt stellen.

2. Den Backofen auf 180 °C Ober- und Unterhitze vorheizen. Das Backblech mit Backpapier auslegen.

3. Den Teig auf einer leicht bemehlten Arbeitsfläche mit einer Teigrolle ca. 1 cm dick ausrollen, in 2 cm dicke Streifen schneiden und diese der Länge nach in 6 cm lange Balken einteilen. Auf das Blech verteilen, mit einer Gabel einstechen und im vorgeheizten Backofen auf mittlerer Schiene ca. 12 Minuten backen.

4. Anschließend mit dem Backpapier auf ein Kuchengitter ziehen und auskühlen lassen.

Wenn Sie den Mürbeteig am Vortag zubereiten, behalten die Butterplätzchen während des Backvorgangs ihre kantige Form besser bei.

Lakritzkuchen

mit Schwarzen Johannisbeeren und gesalzenen Macadamianüssen

Rezept für 10 Stück

verwendete Form:
1 Backblech

Biskuitteig
2 Eier (Größe M)
20 g Kristallzucker
1 EL Wasser
1 TL Bourbonvanillezucker
¼ TL Zitronenabrieb
40 g zimmerwarme Marzipanrohmasse
30 g Mehl
10 g Kakaopulver

Lakritzcreme
20 g Speisestärke
125 g Milch
1 Eigelb (Größe M)
10 g süße Lakritze
125 g Sahne
30 g Kristallzucker
10 g Butter

Johannisbeergelee
ca. 100 g Schwarzes Johannisbeergelee
oder
50 g Kristallzucker
50 g Cassismark

außerdem
60 g gesalzene Macadamianüsse

1. Den Backofen auf 180 °C Ober- und Unterhitze vorheizen. Das Backblech mit Backpapier auslegen, dabei das Backpapier von der kurzen bzw. langen Seite aus ziehharmonikaartig zu einer stabilen Kante falten, sodass das Papier eine Größe von 36 × 30 cm hat. Die Macadamianüsse fein hacken und kurz trocken in einer Pfanne hell rösten.

2. Für den Biskuit zunächst die Eier trennen. Eiweiß mit Zucker mit einem Handrührgerät zu Schnee schlagen. Eigelbe mit Wasser, Vanillezucker, Zitronenabrieb und Marzipanrohmasse mit dem Handrührgerät aufschlagen. Das Mehl mit dem Kakaopulver mischen und sieben. Ein Drittel des Eischnees zügig unter die Eigelbmasse rühren und den Rest im Wechsel mit der Mehlmischung mit einem Teigschaber unterheben. Die Masse auf dem vorbereiteten Backblech verstreichen, mit zwei Dritteln der gesalzenen Macadamianüssen bestreuen und im vorgeheizten Backofen auf mittlerer Schiene ca. 8 Minuten backen.

3. Für die Creme die Speisestärke mit etwas Milch kalt anrühren und das Eigelb ebenfalls unterrühren. Die Lakritze klein schneiden und mit der restlichen Milch, Sahne, Zucker und Butter aufkochen. Vom Herd nehmen und rühren, bis sich die Lakritzstücke aufgelöst haben. Nochmals kurz aufkochen, den Speisestärken-Ansatz mit einem Schneebesen einrühren und unter ständigem Rühren zu einer Creme kochen. Anschließend ca. 15 Minuten kalt stellen.

4. Für das Johannisbeergelee das Gelee in einem kleinen Topf erwärmen oder das Cassismark mit Kristallzucker in einem kleinen Topf sirupartig einkochen lassen.

5. Aus dem Biskuit 5 gleichgroße Streifen schneiden und diese in jeweils 6 Quadrate schneiden. Jeweils drei Böden mit zwei Schichten Cassis-Sirup bzw. Johannisbeergelee zusammensetzen. Die Lakritzcreme in einen Spritzbeutel mit kleiner Lochtülle füllen und die Creme bis zur Hälfte in dünnen Streifen aufspritzen. Den restlichen Cassis-Sirup bzw. Johannisbeergelee ebenfalls in einen Spritzbeutel mit kleiner Lochtülle füllen und abwechselnd mit der restlichen Creme in Streifen auf die Kuchen dressieren. Zum Schluss mit den restlichen Macadamianüssen bestreuen.

Engadiner Walnusstörtchen

mit Salzkaramell

Rezept für 24 Stück

verwendete Form:
1 Mini-Muffinform (24er)

Mürbeteig
80 g zimmerwarme Butter
80 g Kristallzucker
1 Ei (Größe M)
1 Prise Salz
200 g gesiebtes Mehl

Füllung
250 g Sahne
80 g Waldhonig
50 g französische, gesalzene Butter
130 g Kristallzucker
200 g Walnusskerne

außerdem
Butter zum Einfetten
Mehl zum Bearbeiten
Puderzucker zum Bestäuben

1. Aus den angegebenen Zutaten wie in der Backschule ausführlich beschrieben (siehe Seite 23) einen glatten Mürbeteig kneten. Den Teig zu einer Kugel formen, in Frischhaltefolie wickeln und mindestens 1 Stunde kalt legen.

2. In der Zwischenzeit die Füllung vorbereiten. Hierfür Sahne, Honig und gesalzene Butter zusammen aufkochen. In einem zweiten Topf den Zucker langsam schmelzen und goldbraun karamellisieren.
Achtung: Nicht zu dunkel werden lassen, da er sonst bitter wird!

3. Den Topf vom Herd nehmen und nach und nach mit der Sahne-Honig-Mischung vorsichtig ablöschen. Hierbei aufpassen, der aufsteigende Dampf ist sehr heiß. Wenn die gesamte Flüssigkeit mit dem Karamell vermischt ist, das Ganze noch mal kurz aufkochen lassen und dann vom Herd nehmen. Die Walnusskerne grob hacken, unter den warmen Karamell rühren und beiseitestellen.

4. Die Form mit Butter einfetten oder mit passenden Mini-Muffin-Papierförmchen auslegen.
Den Teig auf einer leicht bemehlten Fläche dünn ausrollen.
Mit einem passenden Ausstecher oder einem Glas 24 kleine Teigböden ausstechen. Die einzelnen Mulden damit bis zum Rand hoch auslegen und ca. 15 Minuten kalt stellen.

5. Den Backofen auf 180 °C Ober- und Unterhitze vorheizen.
Die Walnussfüllung mit einem Esslöffel in die Mulden füllen – die Nüsse dürfen oben etwas herausstehen und eine kleine Kuppel bilden. Im vorgeheizten Backofen auf dem Rost auf mittlerer Schiene ca. 15 Minuten backen.

6. Die Törtchen in der Form auskühlen lassen. Falls Karamell ausgelaufen ist, mit einem kleinen Messer kreisförmig um die Törtchen fahren, um sie zu lösen. Die Törtchen aus der Form nehmen und mit Puderzucker bestäuben.

Servieren Sie zu den Waffeln das Kirschkompott von Seite 39.

Waffeln

Rezept für ca. 10 Stück

verwendete Form:
1 Waffeleisen

Teig
150 g gesiebtes Mehl
50 g Kristallzucker
1 TL Bourbonvanillezucker
Zitronenabrieb von 1 Zitrone
4 Eier (Größe M)
1 Prise Salz
150 g Milch
10 g Rum
100 g flüssige Butter

außerdem
Pflanzenöl zum Ausbacken
Puderzucker zum Bestäuben

1. Mehl, 30 g Zucker, Vanillezucker und Zitronenabrieb in eine Schüssel geben und vermischen. Die Eier trennen. Das Eiweiß mit dem restlichen Zucker sowie Salz mit einem Handrührgerät steif schlagen.

2. Eigelbe, Milch und Rum verrühren, nach und nach zu dem Mehl gießen und mit dem Handrührgerät glatt rühren. Anschließend den Eischnee mit einem Teigschaber unter die Masse heben. Die Butter einlaufen lassen und unterrühren.

3. Die Masse mit einer Schöpfkelle portionsweise in das heiße, geölte Waffeleisen geben und goldgelb ausbacken. Mit Puderzucker bestäubt servieren.

Rezeptregister

Danksagung

Mein Dank gilt zunächst meinem gesamten Team für die Unterstützung bei meiner Arbeit sowie bei der Buchproduktion! Aber was wäre ich ohne meine Familie, meine Freunde und meinen Liebsten. Danke an euch für eure liebevolle Begleitung, eure Motivation und euer Verständnis!

Eure Cathérine

Für die freundliche Unterstüzung danken wir Kitchen Aid.

www.kitchenaid.com
Telefon: 0800/5035005 (nur Deutschland)
00496 62/434564 (aus dem Ausland)

Impressum

Backen – Meine Lieblingsrezepte für jeden Tag
von Cathérine Jamin

Herausgeber
Ralf Frenzel

Tre Torri Verlag GmbH, Wiesbaden
www.tretorri.de

Idee, Konzeption und Umsetzung
www.cpagmbh.de
Die CPA! ist Mitglied der Deutschen Akademie für Kulinaristik und fördert Slow Food Deutschland e.V.

Gestaltung: Royalkomm.Design, Wiesbaden
Fotografie: Michael Link, Wiesbaden
Reinzeichnung: Peter Winkelmann, Wiesbaden
Reproduktion: Lorenz & Zeller, Inning a. A.

Printed in Germany

ISBN 978-3-937963-91-4